CONHECEREIS A VERDADE

EDITORA EME

Solicite nosso catálogo completo, com mais de 350 títulos, onde você encontra as melhores opções do bom livro espírita: literatura infantojuvenil, contos, obras biográficas e de autoajuda, mensagens espirituais, romances palpitantes, estudos doutrinários, obras básicas de Allan Kardec, e mais os esclarecedores cursos e estudos para aplicação no centro espírita - iniciação, mediunidade, reuniões mediúnicas, oratória, desobsessão, fluidos e passes.

E caso não encontre os nossos livros na livraria de sua preferência, solicite o endereço de nosso distribuidor mais próximo de você.

Edição e distribuição

EDITORA EME

Caixa Postal 1820 - CEP 13360-000 - Capivari - SP

Telefones: (19) 3491-7000 | 3491-5449

Vivo (19) 9 9983-2575 | Claro (19) 9 9317-2800

vendas@editoraeme.com.br - www.editoraeme.com.br

Ricardo Orestes Forni

CONHECEREIS A VERDADE

Capivari-SP
- 2019 -

Os direitos autorais desta obra foram cedidos pelo autor para a Editora EME, o que propicia a venda dos livros com preços mais acessíveis e a manutenção de campanhas com preços especiais a Clubes do Livro de todo o Brasil.

A Editora EME mantém o Centro Espírita "Mensagem de Esperança" e patrocina, junto com outras empresas, instituições de atendimento social de Capivari-SP.

1ª edição - fevereiro/2019 - 3.000 exemplares

CAPA | André Stenico
PROJETO GRÁFICO E DIAGRAMAÇÃO | Marco Melo
REVISÃO | Sonia Rodrigues Cervantes

Ficha catalográfica

Forni, Ricardo Orestes, 1947
Conhecereis a verdade / Ricardo Orestes Forni - 1ª ed. fev. 2019 - Capivari, SP: Editora EME.
272 p.

ISBN 978-85-9544-090-6

1. Espiritismo. 2. Reforma íntima. 3. Textos motivacionais.
4. Chico Xavier e Divaldo P. Franco.
I. TÍTULO.

CDD 133.9

SUMÁRIO

CONHECEREIS A VERDADE

CONTA-SE QUE UM dia, Deus resolveu enviar a Verdade ao mundo. A Verdade era um espelho imenso, muito além do que possa supor a mais fértil imaginação. Entretanto, esse espelho despencou das alturas do infinito e fez-se em inúmeros pedaços que nunca puderam ser contabilizados.

De vez em quando, encontramos um desses fragmentos e a vaidade humana supõe ter encontrado o espelho como um todo. Encontrado toda a Verdade. Pura ilusão a que se entrega o homem orgulhoso. Trata-se, em realidade, apenas de um microscópico fragmento originado pelo descomunal espelho que se partiu na queda.

Quando Pilatos interrogou Jesus sobre o que era a Verdade, ele calou-se. Como explicar se o representante de Roma só estava preparado, se tanto, para conhecer uma ínfima parte do todo?

E como estaremos nós após 2.000 anos de cristianismo? Mais preparados do que Pilatos para conhecer a

Verdade plena? Conhecermos o espelho imenso que se partiu ao ser direcionado ao mundo dos homens? Afoitamente alguns responderão que sim.

Pilatos lavou as mãos perante o Justo!

E nós também não lavamos as nossas diante de Jesus até hoje? Não? Meditemos em algumas interrogações:

- Se não lavássemos as mãos até hoje, não existiriam tantos corruptos e corruptores.
- Se não lavássemos as mãos até hoje, não existiriam tantos suicídios.
- Se não lavássemos as mãos até hoje, o aborto não estaria legalizado em várias partes do mundo.
- Se não lavássemos as mãos até hoje, crianças não esmolariam em sinaleiros exploradas pelos próprios pais.
- Se não lavássemos as mãos até hoje, o pai não violentaria a filha dentro do recinto sagrado de um lar.
- Se não lavássemos as mãos até hoje, os asilos e os orfanatos não testemunhariam contra o próprio ser humano.
- Se não lavássemos as mãos até hoje, a fome não faria tantas vítimas que maculam a lei do amor ao semelhante.
- Se não lavássemos as mãos até hoje, crianças recém-nascidas não seriam abandonadas como material descartável.
- Se não lavássemos as mãos até hoje, ninguém procuraria o filho alheio para aniquilá-lo através das drogas chamadas de ilícitas.

Se não pararmos por aqui, você, com certeza, se cansaria de nos ler. Por isso, interrompemos essas linhas para que a sua consciência e inteligência prossigam nas indagações devidas.

A proposta deste livro singelo é exatamente pinçar alguns fragmentos desse espelho que representa a Verdade. Fragmentos esses que, muitas vezes, passam despercebidos na correria do dia a dia, envolvidos que estamos pelos valores apresentados pelo mundo.

Conheceremos a Verdade e ela nos libertará, conforme ensinou Jesus. Se as páginas que se seguem servirem para romper apenas um elo da corrente do desconhecimento em que transitamos em nossa jornada evolutiva, o livro terá atingido o seu objetivo.

Conhecermos a Verdade para que não continuemos a lavar as mãos como Pilatos diante dele, nosso Mestre e Senhor, Modelo e Guia para toda a Humanidade.

Vamos procurar o nosso fragmento dessa Verdade?

O autor.

DIÁLOGO SOBRE CHICO XAVIER

– AH! COMO gostaria de ser como Chico Xavier!

– Você tem certeza disso?

– Claro! Já pensou ver Emmanuel vestido como um senador romano; receber livros ditados por André Luiz; servir de veículo para Scheilla destilar perfumes pelo ambiente; receber as poesias de Maria Dolores; os conselhos do doutor Bezerra de Menezes? Que maravilha!

– E você acha que o Chico só via e convivia com esses espíritos superiores?

– Como assim?!

– Chico disse uma certa ocasião para uma jovem que gostaria de ter a mediunidade de vidência, que quem vê o lírio, vê também o sapo!

– Não entendi.

– O que ele queria dizer é que a vidência permite também visualizar os obsessores carregados de ódio e de sentimento de vingança, o que não deve ser uma visão muito agradável.

– Mesmo assim eu gostaria de ser como o Chico!

- Tem certeza?

- Como não?

- Vamos fazer um teste?

- Claro!

- Chico ficou órfão aos cinco anos de idade e foi criado por uma senhora que o submetia a um regime educacional severo, aplicando-lhe surras que ele não merecia para dizer o mínimo. Você teve pai e mãe dedicados? Foi amado por eles?

- Tive.

- Pois então! Chico ficou doente dos pulmões aos doze e aos quarenta anos. Como vão os seus pulmões?

- Bem.

- Chico ficou gravemente doente de um olho desde 1931. Essa doença o acompanhou por toda a existência, impondo-lhe muita resignação perante dores violentas que sentia no órgão comprometido. Como vão as suas vistas?

- Ótimas.

- Chico submeteu-se a cinco cirurgias com todos os riscos de um procedimento cirúrgico. Você já foi operado alguma vez?

- Não. Tenho boa saúde.

- Chico sofreu dois infartos e teve que cuidar rigorosamente do seu coração por toda a vida, inclusive restringindo as suas atividades de socorro no centro onde atendia as pessoas. Como vai o seu coração?

- Tudo normal.

- Chico trabalhou por mais de meio século dedicando-se aos encarnados e desencarnados madrugada adentro. Quantas horas você dorme e quantas pessoas você atende com extrema paciência?

- Durmo oito horas por dia.

- Não respondeu à segunda pergunta. Quantas pessoas você atende com carinho e sem se cansar por dia?

- Para falar a verdade, atendo alguma ocasionalmente sem compromisso fixo.

- Chico psicografou mais de 420 livros nos momentos em que poderia estar descansando sem nunca ganhar um único centavo pelos direitos autorais que sempre doou para as editoras. Você já psicografou um único livro?

- Nunca.

- Chico foi perseguido, caluniado, ironizado, traído, e nada fez com que desistisse da tarefa. Você já viveu uma única situação dessas por apenas uma vez?

- Também não.

- Então, você não acha que querer ser igual ao Chico é desejar ser a locomotiva enquanto não somos sequer um simples rebite de vagão?

- Por quê? É errado desejar ser como o Chico?

- Absolutamente não. Aliás, é elogiável que ele seja a nossa meta a ser atingida daqui a alguns milênios. Depois podemos pensar em um Francisco de Assis até chegar em Jesus, já que o progresso intelectual e moral é uma lei de Deus. Podemos continuar?

- Sim.

- Você já visitou um companheiro que há dias se encontra acamado? Chico fazia visitas a favelas, a presídios, a hospitais da lepra, do fogo selvagem, além das pessoas que atendia pessoalmente no centro enquanto teve condições físicas para isso. Você, por exemplo, teve disposição de ficar ouvindo pacientemente uma pessoa a se queixar e ter para ela palavras de bom ânimo e fé em Deus? Chico fazia isso. Chico amava os animais também e os chamava de nossos irmãos mais novos. Você, por acaso, tem um animal de estimação em sua casa e o ama verdadeiramente como a um irmão mais novo criado por Deus?

"Se você ganhasse um carro ou uma fazenda com os documentos passados em seu nome, passaria adiante esses bens? Chico demonstrou esse desprendimento.

"Você renunciaria à enorme fortuna em dinheiro que os mais de quatrocentos livros psicografados por ele trariam a sua pessoa? Chico fez isso.

"Você se manteria casto por toda a vida? Castidade física e moral! Chico se manteve.

"Você suportaria as agruras da vida sem um ombro amigo para desabafar porque tivesse sempre que ouvir e nunca ninguém para ouvi-lo? Chico fez isso.

"Você suportaria a prova da velhice sem nunca reclamar das limitações progressivas que a idade impõe sempre com um sorriso nos lábios? Chico era assim.

"Você conseguiria sentir-se sempre um cisco servidor dos espíritos superiores sem que em nenhum momento a vaidade ou o orgulho tisnassem a sua pessoa? Chico conseguiu.

"Chico era capaz de sorrir por fora, mesmo estando chorando por dentro. Ou no primeiro probleminha que surge você bota a boca no trombone, como se costuma dizer?

"E aí? Ainda se sente em condições de ser um 'Chico Xavier'?"

- Tem razão. Não tenho nenhuma condição porque não sou nem o rebite do vagão, quanto mais ser uma locomotiva como ele foi!

- Muito bem! Começou corretamente reconhecendo os seus limites. Basta agora que coloque as mãos nos pequenos trabalhos do dia a dia para que um dia você seja um fiel servidor dos espíritos como o Chico foi. Se ainda não consegue ver os bons espíritos como ele, procure enxergar a sua própria consciência para que ela te oriente no rumo do Apóstolo do Amor.

O MUNDO DE CHICO XAVIER

QUAL TEM SIDO a sua opinião sobre o mundo em que vivemos na atualidade? Muita violência, desonestidade, corrupção, impunidade, injustiça social, guerras, abandono de crianças pelas mães etc.?

E o mundo em que Chico viveu, será que era diferente desse? Não estou me referindo à época em que ele esteve entre nós encarnado, mas ao mundo em geral em que ele viveu como vivemos agora.

"Ah!" - dirão muitos. "O Chico era interexistente, como bem definiu o filósofo Herculano Pires. Vivia mais do lado de lá do que em nosso mundo!"

Como isso seria possível se Chico dormia muito pouco? Apenas algumas horas, cerca de três ou quatro, em cada madrugada.

Viver em sintonia com os espíritos superiores não significa que ele vivia distante dos problemas que caracterizam um planeta de provas e expiações no qual estamos atualmente.

E por que será que Chico não reclamava desse planeta e dos seus habitantes, como somos acostumados a fazer?

Vejamos: dizemos que o mundo é um amontoado de males infinitos. Será que Chico vivia em lugar diferente? Como conseguia bendizer sempre cada dia em que vivia no seu corpo? Será que ele não construiu um mundo interior diferente do exterior através dos seus constantes exemplos na prática do bem e, por isso mesmo, vivia em um mundo diferente do nosso que nos isolamos no egoísmo?

Dizemos que a nossa casa é um lugar de incompreensão, de conflitos, de pessoas que mais parecem estranhas umas às outras. Será que Chico sempre foi totalmente compreendido em seu lar? Apenas para citar um exemplo, lembramos o caso de um sobrinho dele que o denunciou como sendo um fraudador das mensagens e dos livros que psicografou e que atenderam a tantos desesperados. Será que ele não viveu em um lar melhor do que o nosso por saber servir com paciência e bondade, ajudando a cada um sem nada esperar em troca?

Dizemos que perdemos a fé porque aqueles que ensinam a virtude não a praticam. Será que Chico vivia rodeado de pessoas que eram um verdadeiro exemplo de cristianismo? Ou era ele esse verdadeiro representante? Não seria diferente esse mundo do Chico porque ele cumpria rigorosamente as suas próprias obrigações, ficando em paz com a própria consciência ao invés de ficar analisando a conduta alheia?

Dizemos que sofremos a ingratidão alheia nesse mundo de indiferença e egoísmo. Acreditamos que Chico Xavier, que foi um exemplo de doação aos necessitados, nunca sofreu ingratidão nenhuma? Vamos apenas à lembrança do processo sofrido pela família de Humberto de Campos, fora, evidentemente, a ingratidão de muitas pessoas próximas a ele.

A reação de Chico é que sempre foi diferente da nossa: continuou firme no dever da missão que havia trazido do mundo espiritual apesar das muitas ingratidões sofridas, o que trouxe a ele a companhia da paz e da alegria.

Quantas vezes alegamos a falta do recurso financeiro para auxiliar aos mais necessitados. E Chico? Por acaso foi herdeiro de grande soma de dinheiro ou possuía um trabalho que lhe rendia um alto salário para socorrer aos necessitados que o buscavam incessantemente? Ou o maior recurso de Chico foi a doação de si mesmo, dos seus momentos de descanso, de seus lazeres, dos seus dias e horas, a tudo renunciando para servir?

Chico dizia que aceitava toda pessoa da forma como ela era, mas continuava a ser como ele achava que devia ser. Dessa forma construiu um mundo interior totalmente diferente do mundo que nos rodeia por fora. Esse mundo de Chico era blindado pelo amor aos necessitados, enquanto o nosso é um mundo de egoísmo que estabelece sintonia com o mundo exterior que nos envolve e por isso mesmo sofremos a influência dele e estamos sempre a reclamar de alguém ou de alguma coisa.

André Luiz no livro *O Espírito da Verdade*, capítulo 95, explica bem a lição quando afirma que:

Não se queixe em circunstância alguma.

Lembre-se de que a vida e o tempo são concessões de Deus diretamente a você, e, acima de qualquer angústia ou provação, a vida e o tempo responderão a você com a bênção da luz ou com a experiência da sombra, como você quiser.

Qual tem sido a sua escolha?

A MÚSICA PREFERIDA DE CHICO XAVIER

VOCÊ ESTÁ TRISTE? A amargura visita o seu coração? Então vamos falar sobre a música que Chico mais gostava. Ela se chama "Hi lili" (hi-lili, Hi-lo), música atribuída a B. Kaper e H. Deusch, numa versão de H. Barbosa. Sugiro que entre na internet e a ouça. Tem vários cantores que a gravaram.

Em sua opinião, Chico tinha ou não motivos para ser triste? Disse triste e não revoltado. Ficou órfão ainda pequenino. Foi visitado por várias doenças. Sofreu intrigas por parte de familiares. Foi criticado por espíritas e não espíritas. Foi incompreendido em diversas ocasiões. E por que não lembrar a saudade que ele poderia sentir das esferas espirituais de onde saiu para vir ao nosso encontro exemplificar o amor?

E são tantas outras coisas que poderíamos lembrar que teríamos que ficar falando sobre os motivos para tristeza de Chico por muitas páginas.

Muitos dirão, entretanto, que ele sempre se declarava feliz e não estava mentindo ou fingindo tal sentimento. Concordo plenamente.

Todas as vezes que comparecia em público, em que atendia aos sofredores, junto a amigos mais íntimos, ele estava sempre sorrindo. Sempre feliz. Como conseguia se motivos para tristeza sobravam em sua vida desde muito pequeno?

Vamos à letra da música para acompanharmos os motivos de felicidade de Chico. A música começa assim:

> Um passarinho me ensinou
> uma canção feliz
> e quando solitário estou
> mais triste do que triste sou
> recordo o que ele me ensinou
> uma canção que diz:

Quais poderiam ser os "passarinhos" que teriam ensinado ao Chico que ele se mantivesse sempre feliz? Foram muitos, não é mesmo? A própria, dona Maria João de Deus, Emmanuel, doutor Bezerra, André Luiz, Scheilla, Meimei etc. E o Chico, como diz a música, sempre recordava os conselhos dos espíritos amigos que o amparavam em sua obra de doação aos sofredores. Prossigamos na análise da letra da música.

> Eu vivo a vida cantando
> Hi, Lili, hi, Lili, hi lo
> por isso sempre contente estou
> o que passou, passou
> o mundo gira depressa
> e nessas voltas eu vou

cantando a canção tão feliz que diz:
Hi, Lili, hi, Lili, hi lo
por isso é que sempre contente estou
Hi, Lili, hi, Lili, hi lo

A linha mais importante desse trecho é aquela que diz: *o que passou, passou.*

E isso é uma grande realidade que muita gente ignora. Vive trazendo o passado de infelicidade para o presente como se pudesse modificar o que passou, o que sabemos ser impossível. E com essa atitude estraga a oportunidade de ser feliz no presente.

Ensina André Luiz, no livro *Agenda cristã*, psicografia de Chico, capítulo 36, que *quem vive colecionando lamentações caminhará sob a chuva de lágrimas.*

Se é impossível voltar e fazer um novo começo, como ensinava Chico, de que adianta tisnar a água da tranquilidade presente com o passado de águas turvas?

Joanna de Ângelis, no livro *Autodescobrimento*, psicografia de Divaldo, falando sobre o sentimento de amargura, ensina que ele é muito perturbador para a pessoa. A amargura pode ser originada em lembranças inconscientes de vidas anteriores ou os motivos podem ser encontrados na existência atual como efeito de traumas da infância, presença de pai ou mãe dominadores, castrações pelo medo, da submissão imposta ou de outros conflitos variados.

O importante, alerta Joanna, é que a amargura deve sempre ser combatida para que a sua vítima recupere a alegria de viver a vida plena de bênçãos que a misericórdia divina nos proporciona.

Podemos ainda, segundo Joanna, encontrar auxílio nos pensamentos otimistas, caminhadas em bosques ou à beira-mar, em auxílio fraterno em obras de ajuda social e moral.

Eu sugiro a você ouvir a música "Hi-lili" na internet e lembrar-se que ela era a preferida de Chico. Desse homem que vivenciou o amor de maneira plena e que tendo inúmeros motivos para ser triste, amargurado, passou pelo mundo servindo e sendo feliz.

André Luiz nos lembra no mesmo livro citado, que a nossa dor não impedirá que o sol brilhe amanhã sobre os bons e os maus. Que a nossa tristeza não iluminará os caminhos. Que as nossas lágrimas não substituem o suor que você deve verter em benefício da sua própria felicidade.

Será que foi isso que os "passarinhos" do Chico contaram a ele? Se observarmos as orientações de Joanna e de André Luiz, quem sabe conseguiremos que um "passarinho" venha cantar nos nossos momentos de tristeza em nosso coração:

eu vivo a vida cantando
Hi, Lili, hi, Lili, hi lo
por isso sempre contente estou
o que passou, passou

Ouça a música na internet. Lembre-se do Chico que tinha inúmeros motivos para ser infeliz, mas viveu a vida cantando porque o que passou, passou. E também passará para você retornando a felicidade a brilhar em todos os seus dias, apesar dos problemas que precisamos enfrentar e superar para sermos felizes de maneira plena e imorredoura. Pois foi para isso que Deus nos criou. Seja feliz como o Chico e *Hi, Lili, hi, Lili, hi lo* para você também.

O CARMA BOM

ESTÁ ESTRANHANDO O título? Eu entendo.

No meio espírita quando se fala em carma ou karma, associamos imediatamente o termo a sofrimentos, frutos de erros do passado, não é assim? Pois não deveria. Não deveria primeiro porque Kardec nunca falou em carma ou karma, mas sim na colheita da semeadura do que se faz. Na *Revista Espírita* de 1864, mês de setembro, página 384, Kardec nos traz um exemplo desse fato, onde um Espírito protetor que se manifestou na Sociedade de Paris, em 29 de julho de 1864, relata um acontecimento que vitima uma determinada mulher ilustrando essa realidade.

Afinal, a Justiça de Deus é absolutamente perfeita e precisa dar a cada um segundo as suas obras.

Carma ou karma é uma palavra sânscrita aplicada em algumas religiões orientais e possui a inflexibilidade em relação àquilo que nos espera, ou seja, quem deve, tem que pagar inapelavelmente.

Já a lei de semeadura e colheita acompanha as orientações de Jesus que diante da mulher adúltera e que teve a humildade de banhar-lhe os pés com o perfume de nardo na casa de um importante fariseu, afirmou: "muito lhe foi perdoado porque ela muito amou".

A lei de semeadura e colheita também lembra as palavras do apóstolo Pedro quando ensinou que o amor cobre a multidão dos pecados.

A lei de semeadura e colheita se flexiona diante da prática do amor ao semelhante que, em realidade, é o amor a nós mesmos. O dia em que nos conscientizarmos dessa realidade, buscaremos o amor ao invés de vivermos desfiando desculpas para não amar ao semelhante como devemos amar a nós mesmos.

Em segundo lugar, a palavra carma, caso tivesse sido deixada por Kardec, não deveria se associar à ideia de sofrimento, de pagamento de dívidas, porque existe o carma (se assim preferirem chamar) positivo! Sim, é isso mesmo! Todas as nossas ações positivas perante a vida trarão uma colheita positiva! Não poderia ser de outra maneira por uma questão da justiça perfeita como é a de Deus!

Vejamos o que nos ensina Joanna de Ângelis no livro *O ser consciente*, no capítulo *Condicionamentos*:

> Esses quadros das ações morais geram as reações correspondentes, como leis de causa e efeito, propelindo a resgates idênticos aos danos e prejuízos produzidos.
>
> Conhecidos esses efeitos como *carma*, também esse pode ser positivo e edificante conforme as realizações anteriores, que propiciem felicidade e paz.
>
> Vulgarmente, porém, o conceito de *carma* passou a ser aceito como imperativo afligente e reparador, a que ninguém foge, por efeito das suas más ações.

> As realizações morais geram energias positivas que anulam aquelas negativas, que propiciam o sofrimento de qualquer natureza, ensejando estímulos para a superação das antigas conjunturas atormentantes.

Não devemos na doutrina espírita, que é a revivescência do cristianismo, viver mergulhados em sofrimento porque ela é uma mensagem de esperança! É uma promessa de regeneração a qualquer pessoa que assim o deseja. Não queremos com isso dizer que o crime contra o Amor Universal deva ficar impune. Apenas convidamos àqueles que nos dão a honra da leitura e meditação, para analisarmos também os múltiplos ângulos positivos da existência. Não nos movemos em um mar de sofrimento, mas em um céu de promessas maravilhosas deixadas por Jesus!

Diz textualmente Joanna de Ângelis no mesmo livro, que todos os seres humanos têm direito à felicidade e devem fruí-la, desde as mínimas expressões às mais grandiosas, em todo o painel da existência. Deus nos criou para sermos felizes. O sofrimento que assalta e rouba esse nosso direito temporariamente, foi uma criação do homem. Através da prática do mal, do ódio, abrimos a porta da "nossa casa" aos "ladrões" da nossa felicidade, convidando a entrar a dor e o sofrimento. Contudo, somos filhos do Amor e não poderia esse Amor ter nos criado para sofrer. Você conhece algum pai ou mãe aqui no planeta Terra que tenham planejado o nascimento de um filho somente para colocar no mundo esse filho para sofrer? Ora, se nós, imperfeitos como somos, não fazemos isso, por que julgar que Deus, que é um Pai de amor, teria nos criado para o sofrimento?

Fomos criados para herdar a paz e a felicidade. E um dia, ao atingirmos a conscientização dessa realidade, receberemos essa nossa "herança".

Jesus foi o símbolo máximo da felicidade. Vejamos como a ele se refere Joanna no livro *Jesus e atualidade*, no capítulo *Jesus e tormentos*:

> Jesus foi o protótipo da felicidade.
>
> Amava a Natureza,os homens, os labores simples com os quais teceu as suas maravilhosas parábolas.
>
> Não condenava as condições terrenas, não as exaltava.
>
> Na posição de Mestre ensinava como se devia utilizá-las, respeitando-as, com elas gerando alegria entre todos, abençoando-as.
>
> Como médico das almas propunha vivê-las sem pertencer-lhes, assinalando metas mais elevadas, que deveriam ser conquistadas com esforço pessoal.

Se ele foi o protótipo da felicidade é porque também temos o direito a ela. Não afirmou ele que somos deuses? Pois então! Está faltando a dose suficiente de esforço pessoal para que isso se concretize.

Espero que, de agora em diante, quando você ouvir falar que alguém está sofrendo em virtude do seu *carma*, lembre-se também que muitos espíritos, encarnados e desencarnados, estão sendo absolutamente felizes devido ao seu carma positivo, ao seu *carma* bom!

Que daqui para frente você comece a construir esse *carma* bom que o direcione para a felicidade que é a herança de Deus para todos os Seus filhos.

APOSENTADORIA SEM TRABALHO

VOCÊ JÁ VIU alguém se aposentar sem nunca ter trabalhado? Não? Pois todos aqueles que reclamam de auxiliar na obra Divina desejam uma aposentadoria sem nunca terem trabalhado. Se assim se passa, fica a pergunta: para que Deus teria nos criado como herdeiros da imortalidade se não desejamos colaborar com Ele na obra da Criação? Tem gente que reclama da doutrina espírita de tanto ler ou ouvir falar em trabalho e mais trabalho. Desejaríamos termos sido criados como seres inteligentes e imortais para fazer o que na obra do Universo? Para enfeitá-la? Mas para isso existem as flores, as cascatas, os animais, os frutos, os mares e oceanos, as estrelas e o Sol, a harmonia perfeita do Cosmos. Se ficamos parados onde tudo isso exerce alguma função, qual seria a nossa utilidade? Usufruirmos do que existe e ficarmos parados como a água estagnada que só serve para apodrecer e dar origem a doenças? Se esse é nosso objetivo, com certeza não é o mesmo de Deus.

Neio Lúcio, no livro *Obras da fé*, assim se pronuncia:

> De todas as expressões de luta e esforço com que podemos assinalar a nossa jornada, o serviço é a mais alta demonstração de nosso concurso na obra divina, da qual, se somos eternos usufrutuários, devemos também ser os dedicados e atentos cooperadores.

Atentou bem para a última colocação de Neio Lúcio? Se somos aqueles que herdam toda essa beleza infinita do Universo, temos a obrigação de ser aqueles que cooperam para essa grandeza.

Aqui na Terra, quando alguém é detido como suspeito de algum crime, é levantada a ficha dos antecedentes criminais da pessoa. Ali constam os crimes cometidos. Dessa forma, quanto mais o suspeito negar o que fez anteriormente, mais suspeito ele se torna. Por exemplo, se é perguntado se já praticou algum roubo e a pessoa nega, mas na ficha dela consta o delito, mais suspeito ela é. Se a alguém é perguntado se já praticou algum sequestro e a pessoa nega, mas na ficha consta o delito, mais suspeito ela se transforma. Se for indagada sobre o crime do estupro e a pessoa nega, mas nos antecedentes criminais consta essa prática, mais suspeita ela se torna.

Quando retornarmos ao mundo espiritual, por mais longa que seja nossa existência aqui no corpo, também lá existirá uma ficha com nossos "antecedentes" no bem ou no mal. E à semelhança do mundo dos homens, mentir será pior. Tudo está registrado.

Quando formos indagados sobre nossas atividades no campo do amor ao próximo, o que teremos para apresentar?

Conforme nos ensina o espírito de doutor Bezerra de Menezes, lá não nos será perguntado sobre os títulos que ostentamos no mundo; sobre nossas propriedades que ficaram na Terra; sobre a nossa moradia de alvenaria ou o casebre muito pobre; sobre o carro último tipo que tivemos ou não; sobre o dinheiro que conseguimos juntar e que ficou para os herdeiros se desentenderem.

O que falará em nosso favor serão as dores que auxiliamos a aliviar. Sobre as lágrimas que conseguimos secar. Sobre os desesperos nos quais lançamos a esperança. Sobre o lar e os familiares que conseguimos construir e amar. Sobre as ofensas que conseguimos perdoar. Sobre o silêncio que conseguimos lançar sobre a maledicência. Sobre o prato de alimento com que socorremos a fome de alguém. Sobre o abraço que soubemos dar na pessoa sem rumo. Em resumo, será nos perguntado sobre a nossa obra no campo do bem. E tudo estará registrado lá na nossa ficha de "antecedentes" espirituais.

No mesmo livro citado anteriormente, assim ensina Neio Lúcio:

> Somos chamados a servir. Haja em nossos corações a alegria de executar as boas obras, prestando os melhores serviços que somos suscetíveis de desenvolver em qualquer circunstância. Fora disso é a nossa inclinação a conflitos interiores, que apenas servem por desintegradores de nossas oportunidades de construção do reino superior em nós e fora de nós.

Emmanuel, através de Chico Xavier ensina com as palavras dele e que explicamos com as nossas, que quando a justiça de Deus nos procura para nos trazer a colheita da sementeira que realizamos na estrada da existência e nos encontra com as mãos no serviço em favor do próximo, essa justiça é abrandada pela misericórdia divina.

Nada mais justo. Aqui na Terra, de homens imperfeitos como somos, a justiça não age assim com aqueles que estão recolhidos nos presídios? O preso que trabalha e tem bom comportamento não tem diminuído o seu tempo de reclusão? Não recebe esse preso o direito de visitar a família em determinadas datas do ano? O que poderá fazer por nós a misericórdia de Deus quando nos encontra mergulhados no serviço na Obra da Criação? Dá sequer para imaginar mesmo que de longe?

Então, antes de vivermos requerendo nossa aposentadoria precoce da Providência Divina, comecemos a aproveitar as pequenas oportunidades de trabalho que se nos apresenta à boa vontade em todos os dias de nossas vidas.

O processo das "leis trabalhistas" de Deus funciona ao contrário: quanto mais trabalhamos, mais o trabalho se nos apresenta.

No Universo perfeito, onde tudo tem uma razão de ser, um motivo para existir, não seremos nós a exceção a essa determinação exigindo aposentadoria antes mesmo de ter iniciado nosso serviço regido pela Lei de amor ao próximo e a Deus como a nós mesmos.

E antes que eu me esqueça: ninguém tem direito a décimo terceiro salário, a férias ou dissídio coletivo. Licença por doença? Até pode ser. Só que, então, seremos medicados com um remédio que não gostamos muito e que se chama "dor".

Tudo bem? Ou já está solicitando alta a pedido para não ter que tomar essa medicação?

DEUS ISSO, DEUS AQUILO, E A NOSSA PARTE?

"QUE TÍTULO MAIS estranho!" - você poderá estar pensando, mas já vai entender facilmente.

Por exemplo, veja quantas frases semelhantes você conhece por ter ouvido alguém dizer ou por você mesmo já ter dito:

> "Deus te ajude!"
> "Deus te acompanhe!"
> "Deus te guarde!"
> "Vá com Deus!"
> "Deus te abençoe!"
> "Fique com Deus!"

Se esqueci de algumas frases, acrescente as que você lembrar onde nós sempre pedimos ao Criador que auxilie o nosso semelhante. E a parte que nos cabe fazer por esse mesmo semelhante, onde fica e como fica?

No livro *De amigos para Chico Xavier*, de autoria de Divaldinho Mattos, encontramos o seguinte alerta de Emmanuel através de Chico Xavier: existem duas pomadas para curar as nossas chagas provocadas pelos erros do passado: uma é feita pela dor e lágrimas e a outra pelo trabalho e suor. Pelo que você tem visto ocorrer entre os homens nas diversas partes do mundo, qual é a pomada que tem sido escolhida? E depois reclamamos de Deus quando a escolha da pomada é nossa.

No livro *Obras da fé* encontramos essa citação de André Luiz:

> Auxiliemos, com discrição e caridade, a ignorância dos outros, como nos seja possível, e silenciemos sempre onde e quando não nos seja possível auxiliar. Diante do pior praticado por nosso companheiro, recordemos o melhor que ele desejaria ter feito. Ante a deficiência do próximo, mentalizemos a condição superior que ele aspire.

Vemos, dessa forma, que sempre o auxílio deve estar presente e levado por você. Evidentemente que Deus se fará presente através da sua boa vontade, mas é preciso que a sua dose de boa vontade seja mobilizada para que o socorro Divino chegue ao lugar e à pessoa necessitada.

No livro *Deus te abençoe*, psicografia de Baccelli, Irmão José faz uma afirmativa que vale ser lembrada no assunto em que estamos abordando: "Deus nunca andará em débito contigo, como andas com Ele e com os teus semelhantes!"

Reparou bem na última colocação da frase: andamos em débito para com os nossos semelhantes! E vivemos pedindo socorro aos espíritos superiores! Qual o crédito que apresentamos nessas ocasiões?

Nesse mesmo livro, Irmão José afirma que sempre estamos recebendo a mais em nossa jornada na atual reencarnação. A única exceção é com relação às dores que nos visitam. Em relação a essas, sempre a Misericórdia Divina nos dá menos do que merecemos, mas em relação a tudo mais, sempre recebemos além dos nossos méritos.

Se contemplarmos a vida em seu sentido abrangente e silencioso, tudo auxilia em nome de Deus. Os rios que constantemente estão sendo poluídos nos dão a água que nos permite viver. Proporciona-nos o alimento através dos peixes. Dos oceanos e mares são retirados diversos animais para satisfazer paladares refinados. Viajamos em transatlânticos luxuosos para realizar nossos sonhos de conhecer outros países e culturas.

O Sol desponta pacienciosamente e em silêncio todas as manhãs para nos servir em nome de Deus.

A chuva abençoa o solo que nos proporciona o alimento.

Quantos animais prestam serviço ao homem, inclusive a ponto de dar a própria vida como alimento ao ser humano?

A atmosfera que insistimos em poluir atrás de mais lucros transporta o oxigênio que nos permite viver.

Recebemos ao nascer pais amorosos que suprem a nossa incapacidade de sobreviver proporcionando-nos alimentação, roupas e todos os outros recursos adequados à nossa vida até nos tornarmos capazes de conquistar tudo o que necessitamos.

Quantos professores passaram pela sua vida transmitindo-lhe os conhecimentos de que dispõe hoje?

Quantas pessoas colaboraram já em nossa vida com o alimento que nos abençoa a mesa, com a roupa que nos veste a nudez, com o agasalho que nos protege do frio, com o calçado que nos acolhe os pés, com a casa onde moramos, com o carro que nos leva ao trabalho, com o remédio que nos devolve a saúde?

Meu amigo, minha amiga, a nossa dívida é imensa! Tudo colabora, trabalha sem reclamar para que possamos estar mergulhados na vida. E quando chega a nossa hora de dar a nossa pequena cota de participação para o todo de onde vivemos retirando o que precisamos e até mesmo o supérfluo, nos escondemos atrás de Deus: "Deus te abençoe!" - abençoa você também proporcionando o bem que o próximo está necessitado.

"Deus te acompanhe!" - acompanhe você também sempre auxiliando.

"Deus te guarde!" - guarde você também evitando fazer o mal onde não possa auxiliar de modo algum, se é que realmente alguma coisa não podemos fazer.

"Vá com Deus!" - siga você também com o seu próximo providenciando alguma coisa de que ele esteja necessitado.

"Deus te abençoe!" - que seja você também o portador de alguma bênção para o seu irmão em humanidade.

"Fique com Deus!" - fique você também com o seu próximo, enxugando-lhe as lágrimas e proporcionando alguma coisa que coloque a esperança e a fé no coração dele.

Lembremo-nos bem das duas pomadas que Emmanuel ensinou que podemos usar em nossas dores: a do trabalho e suor em favor dos que sofrem, ou a pomada da dor e lágrimas por insistirmos em nos esconder atrás de Deus, negando-nos em realizar a parte da nossa tarefa em nome do Amor que preenche todo o Universo.

E se me permite: "Deus nos ajude a entendermos isso o mais rapidamente possível!"

O MELHOR TEMPO

QUAL JULGA VOCÊ ser o seu melhor tempo: o passado, o presente ou o futuro? Perguntado a um grupo de pessoas, muitas preferiram o passado.

"Ah! Como era bom o tempo que passou! Meus tempos de criança sem preocupações! As brincadeiras ingênuas e divertidas! O gozar a vida! O passado sem dúvida foi o melhor dos tempos!" - são frases pronunciadas com saudades e convicção.

Outros já dizem que o melhor tempo será o futuro. "Ah! O futuro! Quantos planos! Quantas realizações me aguardam! Sonhos que tornarei realidade!" - argumentam outros.

Poucos preferem o presente com os seus problemas. Quase ninguém.

Mas qual será em realidade o melhor tempo? Vamos fazer um pequeno vestibular espiritual? Então vamos lá. Responda à alternativa que você julgar a mais correta.

- O melhor tempo foi o passado
- O melhor tempo é o presente
- O melhor tempo será o futuro

Se já respondeu, agora confira a resposta. A correta é aquela que responde que o presente é o nosso melhor tempo. Lógico! O passado já se foi. A porta do tempo foi fechada e a chave jogada fora.

Chico Xavier, sabiamente, afirmava isso ao dizer que ninguém podia voltar e fazer um novo começo, mas poderíamos reiniciar e fazer um novo fim.

Não existe um ditado que diz que ninguém atravessa as mesmas águas de um mesmo rio duas vezes seguidas? As águas estão em constante movimento em direção ao mar. Aquelas que nos molham os pés na primeira vez já não são as mesmas na segunda passagem que fazemos pelo mesmo rio.

E o futuro? Por que não poderá ser ele o melhor tempo? Simplesmente porque o futuro é uma porta que poderá se abrir ou não. Quem tem um calendário nas mãos que garanta qual será o dia, mês e ano em que ocorrerá a sua própria desencarnação?

Dessa maneira podemos concluir que o nosso melhor tempo é o presente porque ele existe e está a nossa disposição.

No livro *Deus te abençoe*, psicografia de Baccelli, o espírito Irmão José no capítulo *Quase passando*, assim se expressa em relação ao tempo:

> Realiza com aproveitamento do tempo, a tua tarefa. Amanhã, talvez, não estejas mais no corpo ou não

> desfrutes das mesmas circunstâncias. O teu melhor dia é o dia de hoje. Não adies o que, por certo, já adiaste infinitas vezes, em vidas que se escoaram na ampulheta do tempo.

Por isso o tempo presente é o melhor deles. Ele existe e nos oferece oportunidades seguidas de abraçarmos o bem, a tarefa construtiva, a oportunidade de perdoar, de auxiliar, de amar, de renunciar, de nos calar diante de uma maledicência. Ou simplesmente nos oferece a oportunidade de darmos um "bom-dia!", uma "boa-noite!" àquele que segue conosco.

Deus sabe de nossas limitações. Ele é nosso Criador e conhece cada criatura Sua. Jamais exigirá de alguém além do que a pessoa esteja preparada, naquele momento, para oferecer. Abrace com muita vontade o seu momento presente. Sem querer fazer trocadilho, ele é um presente de Deus para você.

Do passado fique com as boas lições. Esqueça os sofrimentos que poderiam atrapalhar os dias atuais sem serem anulados.

Do futuro aproveite a lição de alimentar esperanças. Mas não deixe que o presente fuja por entre os dedos de suas mãos paralisadas na preguiça, na inércia, na indiferença para com os problemas do próximo e ao qual você pode auxiliar de alguma maneira, por menor que seja.

Vamos aproveitar as lições de Auta de Souza, na poesia *Auxilia* que retiramos de uma biblioteca virtual na internet e que foi psicografada por Chico Xavier:

AUXILIA

Ouve!... Ruge, lá fora, a ventania...
E enquanto o lar ditoso te acalenta,
Há quem padece os golpes da tormenta
Suportando a ansiedade e a noite fria.

Repara a estrada longa, erma e sombria...
Eis que a dor te acompanha, amarga e atenta.
Desce do altar de luz que te apascenta
E socorre a miséria que te espia.

Ajuda e sentirás em resplendores
Luzes e auroras, júbilos e flores
A brotar dos charcos em que pises!...

Estrelas fulgirão sobre os teus passos...
É que o Cristo do amor te estende os braços
Junto às chagas dos grandes infelizes!...

É evidente que você não poderá colocar em prática esses conselhos de Auta de Souza no dia que já passou.

Também ninguém possui como saber se poderá colocá-los em prática no dia de amanhã que poderá chegar ou não. Por isso o dia de hoje, o momento de agora é o seu melhor tempo.

Vamos aproveitar o tempo em nosso próprio favor em cada auxílio que levarmos a algum necessitado exatamente na realidade do momento presente?

AS CERCAS DE DEUS

MUITAS VEZES PESSOAS que não gostam gratuitamente do espiritismo, perguntam por que os espíritos superiores que o Chico Xavier dizia ver, conversar, conviver não o curavam dos vários problemas de saúde que o acompanharam em sua última existência aqui no planeta Terra. Doença pulmonar, angina, infarto, dores e cegueira em um dos olhos, várias cirurgias. Isso sem considerarmos os problemas outros que o médium mineiro teve que enfrentar desde a sua mais tenra infância, tais como orfandade, pobreza, ingratidão e incompreensão por parte de familiares, de pessoas espíritas e não espíritas.

Por que será que Deus não livrou Chico Xavier de tantos problemas que cercaram a sua existência doada em favor de seus semelhantes?

Francisco de Assis também enfrentou vários problemas de enfermidades tais como a tracoma (infecção grave no olho) num período da história da humanidade onde não se tinha nenhum recurso para o tratamento dessa doença; a malária em um tempo em que nada se tinha de recursos contra essa enfermidade; por fim foi contaminado com a lepra exatamente por cuidar dos seus irmãos portadores do mal de Hansen. Sem considerarmos os problemas que, com certeza, deve ter enfrentado junto ao pai que lhe acenava com a fortuna material e a posição social de destaque. Da dor da separação de sua mãe que o amava, apaixonadamente, para servir aos pobres em nome de Deus. Da incompreensão daqueles que optaram pelas facilidades da existência e que agrediam Francisco na tentativa vã de pacificar a própria consciência que os cobrava pelas escolhas erradas que faziam quando comparados com Francisco.

Por que será que Deus não evitou que esses problemas de saúde atingissem o missionário da Úmbria se ele tinha todos os méritos para ser protegido pelos espíritos elevados do Universo?

Essas grandes almas transitam pelo mundo desejosas de cumprirem o seu papel, darem o seu recado e retornarem em paz de consciência para a vida espiritual. Não desejam usufruir dos prazeres que a matéria lhes oferece. Para que isso possa ocorrer com segurança, recebem os problemas físicos que funcionam como verdadeiras "cercas" de Deus, evitando que se desviem do caminho estreito e difícil da existência.

Do ponto de vista psicológico podemos considerar que a enfermidade, para nós que estamos na retaguarda da evolução, traz a lembrança da possibilidade da morte física, da desencarnação, o que nos leva a lembrar com maior força da transitoriedade dessa vida. Quando a unha do pé encrava já é um Deus nos acuda! Quando uma simples dor de cabeça nos visita, que nos socorram os espíritos amigos! Se a doença for mais grave então, que se mobilize o exército de espíritos socorristas e providencie o mais rápido possível a cura do mal que nos aflige.

Nessas ocasiões muitos costumam perambular de religião em religião que as livre dessas incômodas "cercas" representadas por pequenos males físicos.

Se são espíritas, procuram o centro que oferece mais e exige menos, como se isso fosse possível.

Entretanto, que caminhos tomaríamos sem as "cercas" de Deus a nos envolver e convidar para o bom caminho?

Não seria aquela doença do fígado que está sempre a nos lembrar da sua existência um tipo de "cerca" para que não venhamos a cair nos braços das bebidas alcoólicas?

Não seria a gastrite uma "cerca" de Deus a nos alertar contra os exageros da alimentação?

Não seria aquela asma renitente a "cerca" de Deus para que não abracemos o vício do cigarro?

E não somente no campo da saúde material. A vida financeira "apertada" não seria uma espécie de "cerca" de Deus para que não caiamos nas facilidades do caminho largo e fácil da existência?

Quantos que vivem rodeados pelas facilidades descambam para a bebida importada; para o sexo sem responsabilidade; para as experiências trágicas com as drogas porque já não encontram mais os que os satisfaçam na vida correta? Infelizmente, vez que outra, temos notícias de personalidades no campo artístico que atingiram a glória em suas carreiras, que desencarnam, lamentavelmente, através das chamadas *overdoses* de drogas ilícitas.

Quantos perdem a alegria de viver porque tudo o que almejaram estendem-se aos seus pés? Fecham-se em seu egoísmo, em seu cansaço pela vida, e por não terem nenhum estímulo para ser solidários, tornam-se irremediavelmente solitários e caem nos braços da terrível depressão! Quando não apelam, totalmente desorientados, para o suicídio atirando no "lixo" o tesouro de uma existência na escola da Terra!

Não reclamemos, pois, das "cercas" de Deus em nossas vidas. Nas rodovias é comum vermos animais pastando e recolhendo o alimento do solo com cercas que evitam que esses animais invadam a rodovia com consequências trágicas.

Esse é o propósito das "cercas" de Deus: não invadirmos os caminhos largos e fáceis da existência e que nos levam para longe do rebanho do Senhor Jesus.

Ao invés de tentarmos derrubar essas "cercas" como o animal que inconsequentemente se dirige para a perigosa rodovia recheada de veículos, vamos arrumar algum "mourão" que esteja meio solto para permanecermos em segurança até retornarmos vitoriosos para o mundo dos espíritos. Se não completamente vitoriosos, pelo menos com uma parcela menor de dívidas, o que já será uma conquista valiosa.

Verifique e fortaleça sua "cerca" através da resignação, porque os que sofrem resignadamente encontrarão o consolo conforme nos adiantou Jesus.

Relembremos o poema de Maria Dolores, psicografia de Chico Xavier a propósito desse assunto, encontrada no livro *Antologia da espiritualidade.*

Agradeço, Senhor,
Quando me dizes "não"
Às súplicas indébitas que faço,
Através da oração.

Muitas daquelas dádivas que peço,
Estima, concessão, posse, prazer,
Em meu caso talvez fossem espinhos,
Na senda que me deste a percorrer.

De outras vezes, imploro-te favores,
Entre lamentação, choro, barulho,
Mero capricho, simples algazarra,
Que me escapam do orgulho...

Existem privilégios que desejo,
Reclamando-te o "sim",
Que, se me florescessem na existência,
Seriam desvantagens contra mim.

Em muitas circunstâncias, rogo afeto,
Sem achar companhia em qualquer parte,
Quando me dás a solidão por guia
Que me inspire a buscar-te.

Ensina-me que estou no lugar certo,
Que a ninguém me ligaste de improviso,
E que desfruto agora o melhor tempo
De melhorar-me em tudo o que preciso.

Não me escutes as exigências loucas,
Faze-me perceber
Que alcançarei além do necessário,
Se cumprir meu dever.

Agradeço, meu Deus,
Quando me dizes "não" com teu amor,
E sempre que te rogue o que não deva,
Não me atendas, Senhor!...

O AMACIADOR DE ESPÍRITOS

UM TÍTULO MEIO estranho, concordo com você, mas garanto que logo irá entender, isso não tenha dúvida. Você já pediu alguma vez ao comprar bifes no açougue de sua preferência que passassem a carne no amaciador para que ela ficasse mais tenra, mais fácil de ser degustada? Se a resposta é afirmativa, como acredito que seja, já estamos a meio caminho do entendimento.

Dentre os muitos livros que li na doutrina espírita, em um deles cujo título já não me recordo mais pelos anos que se passaram, existe uma história de um senhor internado num leito de hospital e passando muito mal com problemas de saúde. Esse senhor, antes problemático, nervoso, ansioso, blasfemador, irritadiço, agora, diante da dificuldade com que o seu corpo físico era atingido, apresentava-se "manso". Um verdadeiro "cordeiro" encolhido e com medo de ser conduzido para o "matadouro". Entenda-se por matadouro a possibilidade de desencarnar. Então, vítima desse medo, fazia mil promessas a Deus de melhorar-se caso a doença fosse embora e o deixasse em paz. Prometia dar mais atenção aos familiares; ser mais dedicado em seu emprego e delicado com os colegas de trabalho; cuidar melhor da saúde através de uma alimentação adequada; praticar exercícios físicos; beber menos que socialmente; ficar longe da fumaça agora nauseante do cigarro; evitar momentos de cólera; fazer todo o possível para não discutir com a esposa e conversar mais com os filhos que sentiam a sua falta; dar um "bom-dia" à serviçal da casa; afagar, mesmo que rapidamente, o cão que lhe vigiava a residência. Enfim, diante da dor, o homem, mesmo não sendo político, prometia de tudo em troca da saúde que se ausentara ameaçando-lhe a paz.

Assim que teve a melhora esperada saiu feliz do hospital agradecendo profundamente a Deus por ter ouvido as suas súplicas. Entretanto, não passou nem um mês da saúde do corpo ter retornado, a enfermidade do espírito voltou a reinar. Tudo o que prometera fazer de bom foi esquecido e a vida retornou ao ritmo anterior aos dias complicados do hospital. Ou seja, enquanto estava sendo passado pelo "amaciador de espíritos" representado pelas dificuldades da doença que ameaçava sua existência física, o homem era um poema de candura. Era assim como um bife de colchão duro transformado em filé *mignon*. Assim que se viu restabelecido no vigor do corpo, o espírito voltou a dar as ordens antigas e a ditar um comportamento lamentável em relação a tudo e a todos que conviviam com ele. Necessitava de mais algumas passadas pelo "amaciador" de espíritos.

No excepcional livro psicografado por Divaldo e que

se intitula *Primícias do Reino*, pelo espírito Amélia Rodrigues, ela nos fala sobre o paralítico de Cafarnaum, trazendo uma bela lição para todos nós que estamos internados no hospital do planeta Terra e que também tem muito a ver com o título desse capítulo. Vou recordar os trechos mais importantes com as minhas palavras, recomendando a você que procure pelo livro citado e faça a leitura completa desse pensamento belíssimo.

Natanael Ben Elias foi o paralítico levado à presença de Jesus na casa de Simão Pedro na cidade de Cafarnaum. O Mestre curava uma fila enorme de doentes de toda espécie que o procuravam como o último recurso, como a última esperança sobre a face da Terra. Os amigos de Natanael, vendo que não conseguiriam romper a fila que se alongava como uma enorme serpente a esperar desesperada para entrar na casa de Pedro, levaram o paralítico pelo teto arrancando algumas folhas de palmeiras que a recobriam. Diante dele Natanael recebe a doce ordem para que se levantasse do leito e andasse já que os seus pecados haviam sido perdoados. Hoje entendemos através da doutrina espírita que a expiação daquele paralítico tinha se findado naquela existência e por isso poderia sair do leito imundo em que esperava a morte. No final daquele dia em que Jesus distribuíra bênçãos a inúmeras pessoas, Pedro o encontrou à beira-mar sentado em uma pedra. Aproximou-se o discípulo do Mestre de forma mansa e percebeu que ele chorava. Supôs Simão que fosse de alegria pelos benefícios que havia distribuído. Ao indagar dele sobre o motivo das lágrimas, Jesus assim se pronuncia:

– Pois que não me compreendeis, tu e eles. Certamente que não espero ser entendido. Tenho, no entanto, piedade deles, os desassisados, e os lamento.

– Por que dizes que te não compreendemos, Rabi? Estamos todos tão felizes!

Vejam a razão das lágrimas de Jesus exemplificada na pessoa de Natanael Ben Elias, o paralítico curado há algumas horas apenas:

– Simão, neste momento, enquanto consideras o Reino de Deus pelo que viste, Natanael, com alegria infantil, comenta o acontecimento entre amigos embriagados e mulheres infelizes. Outros que recobraram o ânimo ou recuperaram a voz, entre exclamações de contentamento, precipitam-se nos despenhadeiros da insensatez, acarretando novos desequilíbrios, desta vez, irreversíveis.

Enquanto Natanael estava passando pelo "amaciador" de espíritos na cama estreita e imunda, vitimado pela paralisia, pensava em Deus e acreditava em Jesus. Assim que foi restabelecida a sua saúde, retornou rapidamente ao velho e trágico caminho em companhia de homens embriagados e mulheres infelizes. E reparem bem a advertência de Jesus nas palavras de Amélia Rodrigues: "... acarretando novos desequilíbrios, desta vez, irreversíveis."

Será que agimos da mesma maneira quando estamos sob a ação do "amaciador" de espírito representado pelos problemas da existência, e assim que recebemos uma espécie de adiantamento do socorro divino, retornamos aos antigos e largos caminhos da existência a semear novas dores?

É melhor repensarmos nossas atitudes porque em cada reencarnação os cilindros do "amaciador" de espírito ficam mais estreitos e "esmagam" cada vez mais a carne dura representada pelo nosso recalcitrar contra o bem e o amor que imperam como ordem divina no Universo.

Meu amigo, minha amiga! O amaciador pode ser bom para a carne, mas para o espírito dói de dar dó!

Vamos, então, alargar os cilindros ao invés de apertá-los através de novos erros como fez Natanael Ben Elias?

A MANGUEIRA DO SEU JARDIM

COMO VAI A mangueira do seu jardim? Funcionando bem? Pergunto isso para raciocinarmos sobre uma eventualidade da casa do seu vizinho pegar fogo e você poder ajudar com a mangueira de seu jardim até o Corpo de Bombeiros chegar. Bobagem? De nada vai adiantar uns litros a mais em um incêndio? Só saberemos se ajudarmos, não é assim?

Mas o motivo dessa colocação vem a propósito de uma afirmativa de Chico Xavier ao ser indagado por que auxiliava através das doações de alimento que fazia, quando isso era obrigação do governo. Chico respondeu utilizando a imagem do incêndio na casa de alguém, mesmo quando só dispusermos de um simples balde para lançarmos alguma pequena porção de água sobre o fogo. Se as condições forem essas, devemos utilizar os pequenos volumes contidos no balde para combater o incêndio. Evidentemente, Chico se referia às doações (o balde de água) que realizava enquanto o auxílio do governo (carro do Corpo de Bombeiros) não chegava.

E como era importante a ajuda dele! É a mesma história do balde de água pequeno perante o incêndio enorme.

Aliás, quando o homem resolveu dar combate de maneira rudimentar, evidentemente, quando o fogo extrapolava suas funções e destruía o que estava perto ou longe, essa briga tinha início com baldes de água retirados de alguma fonte e passados de mão em mão por uma fileira de pessoas para ser jogado nas labaredas. Não é preciso dizer sobre os benefícios precários dessa técnica, se é que existia algum.

Mas se olharmos pelo ângulo do espírito de solidariedade, essa união representava muito, sem nenhuma dúvida. O fogo que destruía e que era precariamente combatido irmanava as pessoas. O ser humano se cotizando contra um inimigo comum, sendo solidário com a infelicidade do próximo, procurando levar o socorro de alguma maneira.

Por isso, inteligentemente, Chico respondeu à pergunta a ele dirigida sobre a distribuição de alimentos com a ideia do incêndio.

Ele fazia a sua parte sem questionar sobre a obrigação de outros envolvidos.

Pode ser que a mangueira da sua casa não altere o resultado final do sinistro, mas a sua consciência terá apagado o fogo doloroso da omissão, do nada fazer, mesmo que se faça um mínimo no aspecto físico do problema.

No capítulo V de *O Evangelho segundo o Espiritismo*, item 27, encontramos a pergunta se devemos pôr termo às provas do próximo. Quando alguém sofre ao nosso lado, seu corpo físico e o seu emocional estão sob a forma de um incêndio, essa pessoa "queima" por fora e por dentro. Precisamos sempre mobilizar nosso pequeno balde para aliviar essas chamas por menor que seja a quantia de auxílio que possamos transportar.

Vejamos as sábias orientações contidas no Evangelho:

> Pensam alguns que, estando-se na Terra para expiar, cumpre que as provas sigam seu curso. Outros há, mesmo, que vão até o ponto de julgar que, não só nada devem fazer para atenuá-las, mas que, ao contrário, devem contribuir para que elas sejam mais proveitosas, tornando-as mais vivas. Grande erro. É certo que as vossas provas têm de seguir o curso que lhes traçou Deus; dar-se-á, porém, conheçais esse curso? Sabeis até onde têm elas de ir, e se o vosso Pai misericordioso não terá dito ao sofrimento deste ou daquele dos vossos irmãos: "Tu não irás mais longe?" Sabeis se a Providência não vos escolheu, não como instrumento de suplício para agravar os sofrimentos do culpado, mas como o bálsamo da consolação para fazer cicatrizar as chagas que a sua justiça abrira? Não digais, pois, quando virdes atingido um dos vossos irmãos: "É a Justiça de Deus, importa que siga o seu curso." Dizei antes: "Vejamos que meios o Pai misericordioso me pôs ao alcance para suavizar o sofrimento do meu irmão. Vejamos se as minhas consolações morais, o meu amparo material ou os meus conselhos poderão ajudá-lo a vencer essa prova com mais energia, paciência e resignação. Vejamos mesmo se Deus não pôs nas mãos os meios de fazer que cesse esse sofrimento; se não deu a mim, também como prova, como expiação talvez, deter o mal e substituí-lo pela paz."

Creio que essas explicações do Evangelho não deixam nenhuma dúvida de que Chico estava certo ao auxiliar antes que o governo fizesse a parte que lhe cabia fazer. Enquanto o auxílio dos governantes que podemos considerar como o carro do Corpo de Bombeiros que irá dar combate ao grande incêndio não chegava, ele funcionava como um pequeno (pequeno?) balde de água, solidário no combate às chamas na casa do vizinho.

Nesse mundo atual, encontramos inúmeros "incêndios" que devoram nossos semelhantes através dos mais variados tipos de problemas. Usemos a "mangueira" de nossa caridade; utilizemos a pequena "xícara" de nossa solidariedade; usemos o "conta-gotas" da nossa sensibilidade para com o sofrimento alheio e despejemos nos "incêndios" dos que recebem nossa pequena contribuição que representará para aquele que está em desespero a vontade de continuar na luta por não se sentir sozinho.

Vamos dar uma olhada na nossa "caixa-d´água" do amor ao próximo em nosso íntimo e verificar se existe a "água" da boa vontade suficiente para despejarmos no primeiro "incêndio" que encontrarmos a partir de agora?

Olhe! Repare bem! Não está sentindo um cheiro de "fumaça"? É o próximo "incêndio" onde você irá colaborar orientado por Chico Xavier e *O Evangelho segundo o Espiritismo*.

Não perca a chance de ser o "bombeiro" da caridade.

STEPHEN HAWKING

Acredito que pessoas com deficiências devem se concentrar nas coisas que a desvantagem não as impede de fazer, e não lamentar as que são incapazes de realizar.

SE VOCÊ PENSA que essa frase é de algum espírito missionário no campo da moral, está enganado, mas é o ensinamento de um espírito missionário na área da ciência, um gênio da atualidade comparável a Isaac Newton ou a Einstein, Stephen Hawking, laureado com a Medalha Presidencial da Liberdade e a Fundamental Physics Prize por suas conclusões nas pesquisas sobre o Universo.

O "detalhe" é que esse renomado cientista é portador de uma doença incurável chamada esclerose lateral amiotrófica que vai produzindo no corpo uma atrofia progressiva e incurável, deformando toda a pessoa. Costuma matar em pouco tempo, mas esse homem de ciência viveu mais de cinquenta e dois anos após o diagnóstico, fato raro em medicina.

Em consequência dessa enfermidade, Stephen Hawking ficou paralisado e deformado em uma cadeira de rodas, se comunicando com o mundo através de um computador, já que não falava mais. Através dos recursos que esse computador proporcionava, ele escreveu sete livros! Conseguia comunicar três palavras por minuto apenas, no entanto, conseguiu escrever essas sete obras, além das conferências que realizou pelo mundo todo.

Ocupou por trinta anos, já doente, a cátedra de matemática da Universidade de Cambridge, Londres, uma das mais conceituadas do planeta, cargo esse somente ocupado por cientistas de renome como Isaac Newton!

Visitou sete vezes a União Soviética, três vezes a China, seis vezes o Japão, a Antártica, assim como conheceu pessoalmente os presidentes da Coreia do Sul, China, Índia, Irlanda, Chile e Estados Unidos. Tudo devido a sua genialidade e respeito que gozou no mundo científico do planeta. E não nos esqueçamos: paralisado e deformado fisicamente em uma cadeira de rodas, comunicando-se com as pessoas através de um computador acionado pelos movimentos de sua face, conseguindo compor apenas três palavras por minuto!

E tem tanta gente que "joga conversa fora" como se costuma dizer...

Segundo os seus estudos sobre o Universo, ele chegou à conclusão de que o mesmo não foi criado e nem será destruído.

Obviamente que o cientista está analisando exclusivamente pela ótica científica, mas esse pensamento se encaixa nas explicações espíritas.

Se Deus existiu desde sempre e criou da mesma maneira, Sua obra, o Universo, também O acompanha desde sempre, e como a Obra Divina está sempre em expansão, jamais conhecerá o fim.

Perfeita a conclusão do cientista com o ponto de vista espírita, embora ele, em momento algum, tenha feito essa análise, que fique bem claro isso.

Diz mais Stephen Hawking em seu livro *Minha breve história*: "Tive e tenho uma vida completa e prazerosa."

Não é de espantar que uma pessoa no estado físico em que ele se encontrava pronunciasse tais palavras?! Tem muita gente religiosa que geme perante problemas muito menores.

No mesmo livro encontramos: "Fui casado duas vezes e tenho três filhos lindos e bem-sucedidos." Quantas vezes reclamamos dos nossos?

Mas agora vamos conversar entre nós. Falamos sobre esse famoso cientista e apresentamos suas limitações físicas graves, devido à enfermidade incurável e progressiva a que nos referimos linhas atrás, para analisar o que temos feito na posse de um corpo perfeito. Sim, de um corpo perfeito se comparado ao dele. Reclamamos por tão pouco! Encontramos obstáculos que julgamos intransponíveis em pequenas situações que a vida se nos apresenta!

Não nos expressamos como o gênio que pesquisa o Universo dizendo que temos uma vida completa e prazerosa!

Quantas vezes reclamamos, como já lembramos, dos filhos que temos?

Tudo isso gozando de uma saúde que pode ser classificada como perfeita se comparada à doença de Stephen Hawking.

Expressamo-nos livremente através da bênção das palavras.

Enxergamos o amanhecer e podemos contemplar a poesia das estrelas bordando o negro do infinito.

Temos mãos que são capazes de executar as ordens que lhe enviamos.

Temos pernas que nos conduzem para onde bem desejamos.

Ouvimos o canto dos pássaros e a voz do filho que nos chama de pai e de mãe. Podemos pegar as crianças no colo.

Temos o calor de um lar que nos acolhe para o repouso da noite.

O alimento necessário que nos abençoa a mesa às refeições.

Nosso corpo está devidamente protegido do rigor do inverno.

O leito limpo e macio nos aguarda para o repouso noturno.

A flor desabrocha no jardim de nossa casa sem nos cobrar nada em troca, nem sequer um pouco de água a cada dia.

Temos o animal doméstico que sempre nos recebe com alegria num ato de amor incondicional.

O trabalho que nos permite o ganho honesto do pão de cada dia.

O amparo da doutrina espírita que nos abençoa a existência com esclarecimentos maravilhosos sobre os problemas que temos que enfrentar.

E, no entanto, quantos têm sido os momentos de agradecimento pela oportunidade de existir?

Quantas palavras conseguimos dizer por minuto? Você já fez essa conta?

Quantas vezes você já disse que tem uma vida completa e prazerosa como o cientista se referiu à dele?

Será que numa cadeira de rodas teríamos a coragem de fazer uma afirmação dessas?

Em quantas ocasiões você se referiu aos filhos como pessoas lindas e bem-sucedidas como ele citou em seu livro *Minha breve história*?

Em suas viagens, você vai confortavelmente instalado em seu próprio veículo, em ônibus confortável ou em um rápido avião?

Stephen Hawking viveu na dependência de uma cadeira de rodas. O cientista preso a essa sua cadeira só conseguia comunicar três palavras por minuto através de um computador, como já dissemos e enfatizamos novamente.

Quantas você consegue pronunciar nesse mesmo tempo? Quantas falam bem de alguma pessoa e quantas surgem para difamar alguém? Que tal começar por algumas poucas, tais como, "Obrigado, Senhor, por todas as bênçãos da existência que até hoje não parei para observar!"

Stephen Hawking levaria vários minutos para comunicar-se com esses dizeres através de um computador.

Você que é capaz de falar com o som da sua própria voz (já reparou nisso?), levaria apenas alguns segundos para dizê-las através de um coração reconhecido ao Criador desse Universo tão estudado pelo gênio da ciência, e tão pouco observado em suas bênçãos em nosso favor a cada instante da existência por nós mesmos seus eternos beneficiários!

REENCARNAÇÃO & CIÊNCIA

COMO BOM OBSERVADOR e boa observadora, tenho a certeza de que você percebeu que escrevi "Reencarnação & Ciência" e não "Reencarnação X Ciência".

Essa segunda maneira de grafar, a meu ver, sugere litígio, desentendimento entre Reencarnação e Ciência, o que não é verdade. Essas duas estão de "namoro". Logo oficializarão o "noivado" e, finalmente, se "casarão", quando então a ciência demonstrará definitivamente a realidade da reencarnação. Quando isso ocorrer, o homem compreenderá de onde veio, o que está fazendo na escola da Terra ou de outros planetas do Universo e para onde irá após a morte do corpo.

Para demonstrar o que quero dizer, nos valeremos de dois cientistas: Morris Netherton, Ph.D. (doutor) em psicologia e a Dra. Hellen Wambach Ph.D. (doutora) em psicologia, que empregaram o método terapêutico chamado de *Terapia de vivências passadas* em substituição ao nome anterior de *Terapia de vidas passadas*, exatamente para não dar uma conotação religiosa a esse meio de terapia.

O dr. Morris Netherton não utilizou a técnica da hipnose para induzir seus pacientes na procura das causas que davam origem aos seus sofrimentos físicos ou emocionais na presente existência. Utilizando-se de frases repetidas por seus pacientes e que ele julgava serem "palavras-chaves" na busca dos fatores ocultos no inconsciente desses pacientes, chegou a existências passadas.

O dr. Morris não discute a reencarnação sob o ponto de vista filosófico religioso. Para ele a reencarnação é um fato que foi encontrado no tratamento de seus pacientes.

Claude Bernard, o maior fisiologista que se conhece, um dos cientistas mais premiados da França, dizia que quando se tem um fato, ele se torna mais importante do que qualquer teoria existente, mesmo que essa teoria seja defendida por mentes brilhantes. É lógico que sim. O fato fala por si mesmo. Contra fatos não há argumentos, diz o ditado popular. A teoria tem que ser provada. O fato é algo concreto, ele está ali trazendo a sua realidade para as mentes abertas e não preconceituosas. Se faz presente aos olhos e à comprovação de quem quer que seja. Pois bem, por isso o dr. Morris Netherton não discutia a parte filosófica ou religiosa da reencarnação. Ele constatou em seus pacientes a existência de outras existências onde adquiriram o trauma que passou a marcar a existência atual desses pacientes por ele tratados e curados.

Doutor Morris regredia o enfermo até a vida intrauterina. Quando não detectava a causa até essa fase da existência da pessoa sob os seus cuidados, continuava a sugerir a ela o recuo do inconsciente para etapas anteriores caso elas existissem, quando então surgiram as existências passadas na quais se localizava o fato traumatizante e responsável pelo sofrimento atual.

Para ilustrar, vamos narrar com as nossas palavras o ocorrido com um senhor denominado Henry Aiken (nome fictício) descrito no livro *Vida passada – Uma abordagem psicoterápica*.

Esse senhor era portador de um distúrbio sexual denominado ejaculação precoce. Nesse quadro, o homem atinge o clímax de uma relação sexual em um tempo muito rápido, frustrando a companheira que não consegue acompanhá-lo no relacionamento. O senhor Henry caminhava para o fim do seu terceiro casamento pelo mesmo motivo. Submetido ao tratamento com o dr. Morris, esse paciente descreveu uma existência em que foi um escravo negro utilizado como reprodutor. Era obrigado a relacionar-se com várias mulheres negras no mesmo dia. O feitor ficava em cima dele ordenando – "anda rápido!" – para que dessa forma fertilizasse o maior número de mulheres possível. Isso gerou um trauma profundo que veio a se manifestar na existência atual através da ejaculação precoce, o que já lhe custara o fim de dois casamentos e o terceiro se encaminhava para o mesmo desfecho.

Localizada a causa do trauma, o senhor Henry pôde ser tratado com sucesso.

É essa colocação que o dr. Morris Netherton faz. Para ele a existência de vidas passadas é um fato, é uma realidade, embora não a aborde ou discuta sob o ponto de vista religioso ou filosófico como cabe ao bom cientista.

Para que você continue com as comprovações da ciência sobre vidas passadas e reencarnação, vou narrar o acontecido com uma criança tratada pela dra. Hellen Wambach, doutora em psicologia. Como utilizarei minhas palavras, apresentarei um quadro resumido do problema.

Ouvi essa história em uma palestra da doutora Anete Guimarães, filha da dona Ana Jaicy Guimarães, abnegada e dedicada espírita do Rio de Janeiro, amplamente conhecida no meio espírita.

Uma criança norte-americana tinha verdadeira fixação na guarnição do Corpo de Bombeiros da sua cidade desde pequena. O menino tinha seu quarto decorado com motivos dessa corporação militar. A criança conversava com os adultos sobre os tipos de incêndio e os métodos para combatê-los. Era considerada por alguns como um verdadeiro gênio. Afinal, como uma criança tão nova podia saber tanto sobre esse assunto?

Em um determinado dia, a professora ligou para a mãe dessa criança avisando sobre o fato de o menino demonstrar uma tristeza anormal para a idade. Em casa a mãe procurou descobrir o motivo e o menino disse estar com saudades da sua esposa e filhos de uma outra vida onde ele fora capitão do Corpo de Bombeiros, tendo inclusive citado a cidade norte-americana onde morara e tivera filhos.

Como a criança insistisse nesse assunto, ela acabou sendo levada à dra. Hellen Wambach para o devido tratamento. A psicóloga, com a autorização dos pais, agendou um encontro entre a citada mulher que o menino insistia que havia sido sua esposa e a própria criança. Quando se encontraram o menino demonstrou muita alegria e conversou com a senhora americana sobre os seus filhos que, segundo afirmava, eram dele também quando foram casados e ele fora capitão do Corpo de Bombeiros da cidade citada pela criança.

Até então a conversa não apresentava grandes surpresas, embora os fatos citados pela criança realmente fossem verdadeiros. Num determinado ponto da conversa o menino, para espanto geral e mais ainda da mulher que ele dizia ter sido sua esposa, citou uma marca em região íntima dessa senhora que só era conhecida dela mesma, do seu ginecologista e do ex-marido. A mulher espantada disse não saber o que estava acontecendo, mas aquele menino só podia ter sido realmente o marido que havia morrido como capitão do Corpo de Bombeiros!

São fatos constatados por cientistas sem nenhum vínculo religioso ou filosófico com a ideia da reencarnação.

Como sabemos os gregos, os antigos egípcios, os hindus, os druidas eram reencarnacionistas.

Jesus em três ocasiões bem nítidas narradas no Novo Testamento provou a reencarnação: diante de Nicodemos; perto da localidade de Cesareia de Felipe quando os discípulos afirmaram que o povo achava que ele fosse um dos antigos profetas que voltara e, finalmente, na afirmação dele próprio de que Elias havia voltado na pessoa de João Batista.

Até o terceiro século do cristianismo a reencarnação era defendida por Orígenes, considerado como Pai da Igreja.

No concílio do ano de 533, homens que temiam a reencarnação por não aceitar que poderiam voltar "por baixo" estando "por cima", resolveram abolir a ideia como se uma decisão humana sobrepujasse a realidade da reencarnação que confere a mais ampla perfeição à Justiça Divina.

Coube a Allan Kardec voltar ao assunto sem rodeios, de maneira objetiva e plena. Não há justiça sem a reencarnação para as aparentes desigualdades que a vida se nos apresenta às mãos cheias quando analisada.

Por isso afirmamos que a reencarnação e a ciência estão namorando. Um dia se tornarão noivas e, finalmente, se casarão.

Nesse dia o homem triunfará sobre o seu orgulho e entenderá definitivamente que é um espírito imortal realizando a sua longa viagem em direção à perfeição para a qual todos fomos criados por Deus.

ACUMULOU A LOTERIA!

NÃO SEI SE você já viu ou ouviu alguma vez pelos canais de televisão ou de alguma rádio essa notícia: a loteria acumulou! Frase mágica que põe em movimento um exército de seres humanos em direção às casas onde se efetuam os jogos, à semelhança de um grupo de formigas famintas que identificam um tipo de alimento que deva ser removido para o formigueiro.

Lembra também os "caçadores" de fortuna na famosa *Serra Pelada* onde homens se lançavam esperançosos em busca de alguma pepita da sorte que os transformassem em milionários. Serra Pelada foi um local onde na década de 1980 existiu o maior garimpo a céu aberto do mundo, de onde teriam sido retiradas cerca de 30 toneladas em ouro!

O anúncio de que a loteria, seja ela qual for, acumulou, movimenta essa multidão de pessoas em busca dos números da sorte. Não coloco a minha mão no fogo se algum espírita também não participa desse grupo de "garimpeiros" das casas lotéricas. E vou até um pouco mais adiante: será que alguém ou alguns não pedem assim, de forma discreta, não comprometedora, para que algum espírito bondoso sugira, através do sono, os números que serão sorteados? Maldade minha? Pode até ser, mas num planeta de provas e expiações e onde Jesus e Kardec ainda não foram compreendidos em toda a sua extensão e profundidade, não sei não!

Mas será que ganhar um prêmio polpudo é realmente uma sorte? Você teria a mesma paz do dia anterior se soubesse que em sua cartelinha da casa lotérica estão os números sorteados e que lhe dão o direito de entrar na posse de muitos milhões de reais? Pense bem antes de responder. A paz já seria a mesma ou em sua cabeça inúmeras hipóteses, preocupações, dúvidas, temores, começariam a crescer rápida e tormentosamente? "Onde vou aplicar esse dinheiro de forma segura?". "Vou repartir com alguém?". "Será que corro o risco de ser assaltado quando souberem que fui o ganhador ou ter alguém da minha família sequestrado em busca de resgate?". "Vou ter que mudar de cidade?". "Para onde irei?". "Mudo de país ou permaneço no Brasil mesmo pelo risco de alguma tentativa de sequestro para exigir o resgate agora que sou milionário?". "Qual será a melhor aplicação para essa dinheirama toda?". "Em que banco vou depositar essa fortuna?". "Posso confiar que manterão segredo sobre o ganhador?". "Quais pessoas socorrerei financeiramente da minha família?". "Se der mais para o sicrano, o fulano vai ficar com raiva da minha pessoa.". "E com os juros? Onde irei aplicá-los? Em imóveis? Mas de que tipo? Em que cidade?".

Meu amigo! Minha amiga! Pode ter a certeza de que a sua vidinha calma, apesar das dificuldades, vai mudar e muito! Sabe quando uma gota de água cai sobre uma chapa de fogão muito quente e ferve? O dinheiro vai fazer assim quando tocar em suas mãos.

Entretanto, dirão outros: "Prefiro ter esses tipos de preocupações do que a falta de dinheiro!". E eu direi: "Só se conhece o veneno depois que ele entra no corpo."

Mas não vamos continuar trocando argumentos a favor disso ou contra aquilo. Consultemos *O Evangelho segundo o Espiritismo*, em seu capítulo XVI, item 7: "Sem dúvida, pelos arrastamentos a que dá causa, pelas tentações que gera e pela fascinação que exerce, a riqueza constitui uma prova arriscada, mais perigosa do que a miséria. É o supremo excitante do orgulho, do egoísmo e da vida sensual."

O Evangelho é muito claro quanto aos riscos do dinheiro farto, como ficou bem evidenciado no pequeno trecho transcrito. Evidentemente que tudo depende do equilíbrio de cada um frente à soma elevada de reais. No entanto, em um mundo de provas e expiações já temos esse controle sobre nosso orgulho, egoísmo e sensualidade? É uma resposta que só pode ser dada pela consciência de cada um.

Vamos à opinião do espírito Neio Lúcio:

> O dinheiro excessivo só não representa posição de ruína quando a alma permanece a postos no traba-

> lho, em qualquer clima, sabendo movê-lo e administrá-lo para o bem comum. Fora disso toda espécie de dissabores poderá ser encontrada nessa zona de flores espinhosas e de pedras em forma de pães. Jesus nos favoreça.[1]

Chico Xavier foi extremamente inteligente e precavido: antes que o dinheiro farto lhe tocasse as mãos através dos direitos autorais dos livros que psicografou, da doação em dinheiro e em bens móveis e imóveis que pessoas reconhecidas tentaram doar-lhe, Chico rapidamente delas se desfez. Ele sobrepujava o orgulho, o egoísmo e a sensualidade de que nos fala o Evangelho.

Acumulou a loteria! Você vai entrar na primeira casa lotérica para fazer a sua "fezinha" ou prefere doar seus "direitos autorais" a quem assim o desejar?

Para ajudá-lo um pouco mais, deixo as palavras de Joanna de Ângelis no livro *Jesus e o Evangelho à luz da psicologia profunda*, capítulo *A avareza*:

> A fortuna, seja como for que se manifeste, é alta responsabilidade de que o seu detentor terá que prestar contas, inicialmente a si mesmo, pelo açodar da consciência responsável quando desperta e impõe a culpa pelo seu mau emprego, e diante da Consciência Cósmica, da qual ninguém se evade por presunção, capricho ou infantilidade emocional...

E aí? Ainda disposto a entrar na primeira casa lotérica porque a loteria acumulou?

---

1. Trecho extraído do livro *Chico Xavier: obras de fé*, organizado por João Marcos Weguelin.

QUADRO COMPROMETEDOR

O PINTOR ALEMÃO Holman Hunt da era do romantismo com início no fim do século XVIII ao fim do século XIX, tem um quadro famoso que pode ser visto na catedral de São Paulo, em Londres, cuja tela apresenta Jesus batendo em uma porta rústica rodeada de trepadeiras, portando na mão esquerda uma lanterna enquanto bate com a direita na porta.

Um dos críticos de arte, logo após examinar a tela, comentou, mais ou menos, o seguinte sobre o quadro:

- Senhor Hunt, esta obra apresenta um problema. A porta não apresenta a maçaneta ou o fecho.

Ao que o pintor respondeu tranquilo:

- Não, está tudo correto. Essa porta representa o coração dos homens. Ela só pode ser aberta por dentro. Por isso não possui um fecho por fora.

Sugiro que procurem na internet a imagem desse quadro. Mas vamos complicar um pouco o assunto? Creio que a imagem do quadro já é uma séria advertência a todos nós.

Lançamos mão de *O Evangelho segundo o Espiritismo*, em seu capítulo XV, item 1:

> Então o rei dirá àqueles que estarão à sua direita: Vinde, vós que fostes benditos por meu Pai, possuí o reino que vos foi preparado desde o início do mundo; porque eu tive fome e me destes de comer; tive sede e me destes de beber; tive necessidade de alojamento e me alojastes; estive nu e me vestistes; estive doente e me visitastes; estive na prisão e viestes me ver.
>
> Então os justos lhe responderão: Senhor, quando foi que vos vimos com fome e vos demos de comer, ou com sede e vos demos de beber? Quando foi que nós vos vimos sem teto e vos alojamos, ou sem roupa e vos vestimos? E quando foi que vos vimos doente ou na prisão e viemos vos visitar? E o rei lhes responderá: Eu vos digo em verdade, quantas vezes o fizestes com relação a um destes mais pequenos de meus irmãos, foi a mim mesmo que o fizestes.

Você como bom observador ou boa observadora já sentiu o problema para o nosso lado, não é verdade? A pintura do alemão está correta. Jesus nos bate à porta todos os dias através daqueles que convivem conosco ou fortuitamente cruzam conosco pelas ruas da cidade ou à porta de nossa casa pedindo algo. Mas algo muito além do material que possamos estender num gesto frio e indiferente para nos vermos livre daquele que pede.

Mas Jesus já bateu tantas vezes e a porta permaneceu fechada!

Dentro de nosso lar aqui na Terra que nos foi proporcionado pela Misericórdia Divina para que tivéssemos um local de apoio maior, quantas vezes temos mantida fechada a porta para Jesus? Sim, para ele na pessoa da esposa que não é nenhuma "Amélia" como também não somos nenhum "príncipe encantado" dos sonhos dela. Sim, Jesus nos bate à porta na figura do filho que necessita de um instante a mais de conversa para não se perder nas águas tumultuadas das drogas ilícitas.

Sim, Jesus nos bate à porta na pessoa daquele pai ou daquela mãe idosa com todas as reclamações características da idade.

Jesus nos bate à porta do lar na pessoa daquele parente difícil que devemos saber compreender e relevar, da mesma forma como necessitamos da compreensão alheia em nossos momentos de desequilíbrio.

Sim, Jesus nos bate à porta dentro do centro espírita que frequentamos pedindo por mais união e menos críticas e julgamentos precipitados dos companheiros que caminham conosco com as suas imperfeições, da mesma forma como possuímos as nossas.

Sim, Jesus tem batido à nossa porta em nosso local de trabalho nas pessoas dos companheiros de tarefa na profissão que desempenhamos. Quantos deles necessitam de uma palavra amiga ao invés da notícia pessimista que possamos veicular e que lemos ou ouvimos na imprensa escrita ou televisionada?

Outro lugar onde Jesus sempre está batendo à nossa porta é no trânsito! Ah! Como ele nos procura no trânsito para que não devolvamos a ofensa recebida e que poderá ocasionar transtornos sérios e até mesmo crimes por um instante de desequilíbrio maior.

Meu Deus! Jesus está em toda parte. Nos asilos que recebem os velhinhos em final de existência física. Nos orfanatos ao lado das crianças sem o carinho e calor de um lar como o que tivemos. Nos hospitais Jesus está batendo à nossa porta para que visitemos os enfermos e desesperançados pela ausência da saúde física. Nas cadeias públicas, nos presídios, Jesus clama por nosso auxílio como está referido na passagem evangélica relatada linhas atrás.

Que a consciência de cada um procure identificar os mais variados locais onde Jesus bate à nossa porta como representado na pintura do alemão Holman Hunt.

É evidente que não podemos macular a pintura original, mas vamos fazer um retoque na pintura da nossa consciência? Coloquemos então um fecho ou uma maçaneta no lado de fora dessa porta.

Ou uma sugestão ainda melhor: vamos deixar a porta aberta para que ele, na figura de qualquer necessitado, possa entrar sem bater?

VOCÊ TEM MEDO DA MORTE?

SE, POR ACASO, você pensou assim: "Esse capítulo do livro não deveria nem existir!". Então, a sua resposta é afirmativa: "Sim, tenho medo da morte!". Mas, se esse não foi o seu pensamento, vamos sugerir algumas perguntas para que faça uma análise sobre ter ou não medo da morte.

a) Quando morre algum animal em sua casa, você esconde o corpo, para seu filho não ver, e inventa uma história de que o animalzinho fugiu?
b) Num velório, você chega a analisar a realidade de que um dia você também estará em um local semelhante sendo velado o seu corpo físico?
c) Quando é necessária uma cirurgia para correção de algum problema em seu corpo, você fica temeroso?
d) Quando viaja de avião, tem medo que ele caia?
e) Se vai buscar algum exame solicitado pelo seu médico, fica apreensivo com o resultado?
f) A data da sua desencarnação certa, como a de todas as pessoas, está numa data longínqua em seu calendário?

g) Você acha que não deveríamos nem estar cogitando desse assunto?
h) A velhice, caso você seja idoso, traz uma determinada angústia por entender que o tempo na vida material está se encaminhando para o seu final?

Joanna de Ângelis no livro *Ementário espírita*, no capítulo intitulado *No exame da morte*, assim nos alerta:

> Em favor de você mesmo, inclua diariamente entre as suas preocupações a meditação em torno do fenômeno da desencarnação. O exercício mental sobre esta ocorrência ser-lhe-á muito benéfico. Dessa forma, revista-se de equilíbrio para o retorno à Vida Espiritual que pode dar-se inesperadamente.

Vamos frisar dois aspectos importantes desse pequeno trecho: incluir em nossas preocupações do dia a dia a meditação sobre a desencarnação que pode se dar inesperadamente. Ah! Se cada pessoa que se dedica ao mal refletisse nessa realidade, como o bem teria ocupado um espaço bem maior na vida delas! Infelizmente, temos um calendário particular que está sempre sinalizando que a nossa partida para o outro lado da vida está em um tempo muito, mas muito longe! Será? Sabemos que não, mas fugimos dessa ideia mal ela se desenha em nosso pensamento presente. Isso significa o que senão o medo da morte?

Mas vamos continuar com o espírito Manoel Philomeno de Miranda, psicografia de Divaldo, no livro *Temas da vida e da morte*, no capítulo intitulado *Temor da morte*, o mentor elenca os motivos que causam o temor da desencarnação.

O primeiro deles é o instinto de conservação da vida, que constitui uma força preventiva contra a precipitação e o suicídio, embora em momentos de desequilíbrios intensos, esse último acabe ocorrendo, infelizmente.

O segundo motivo citado por ele é a predominância da natureza animal que nos espíritos inferiores comanda as suas aspirações, tendências e necessidades, o que acaba agrilhoando fortemente o ser à vida material com os seus prazeres, por mais fugazes que sejam.

O terceiro motivo mencionado por Manoel Philomeno é o esquecimento temporário da vida espiritual de onde viemos, ficando com a sensação de desconhecimento dessa realidade que nos aguarda após a morte.

O quarto motivo é o conceito religioso passado durante séculos da existência de um local de sofrimentos eternos que aguarda a pessoa a ser julgada por um Deus que não seria Pai, como nos apresentou Jesus e por um Deus que não seria Amor, como nos revelou o Apóstolo João. O temor de ir para um local desse após a morte só poderia ter criado uma ideia de horror à morte.

O quinto motivo ensinado por ele seria a versão do aniquilamento da vida por falta de informações mais concretas de que essa mesma vida continua e em abundância como nos ensinou Jesus.

Creio que cada pessoa tem um motivo particular instalado na própria consciência. Entretanto, em *O Livro dos Espíritos*, capítulo IV, questão 941, encontramos uma explicação que pode traçar uma diretriz a todos os interessados em estudar em si mesmos a razão para temer a morte.

Vamos ao parágrafo que irá nos orientar:

> A morte não inspira ao justo nenhum medo, porque com a fé ele tem a certeza do futuro; a esperança lhe faz esperar uma vida melhor, e a caridade, da qual praticou a lei, dá-lhe a certeza de que não reencontrará, no mundo em que vai entrar, nenhum ser do qual deva temer o olhar.

Como vivemos em um planeta de provas e expiações por não ter méritos ainda de habitar mundos mais evoluídos, não somos esse "justo" do qual nos fala o trecho do livro citado. Também não praticamos a caridade na medida em que deveríamos e poderíamos ter praticado. Daí advém aquele sentimento íntimo do dever não completamente cumprido e que acaba por gerar o temor da morte. Apenas espíritos do nível de um Chico Xavier, de um Divaldo, de uma Madre Teresa de Calcutá, de uma Irmã Dulce e alguns outros mais que poderíamos citar, fizeram o dever de casa, o que lhes assegura ou assegurou a ausência do medo da morte.

Aí surge uma contestação: o homem comum não trouxe uma missão como as personalidades anteriormente citadas. Se conseguiu cumprir com a tarefa menor que trouxe para executar na Terra, também pode ser considerado como tendo os méritos necessários para não temer a morte. Concordo plenamente. O problema é se realmente realizamos os deveres junto aos quais assumimos compromissos enquanto desencarnados. Quem assim procedeu, realmente não tem motivos para temer a morte. Essa resposta só pode ser dada pela consciência de cada envolvido na trajetória da evolução. Todos, sem nenhuma exceção, recebem a bênção da reencarnação para atuar no campo do bem, para desempenhar o "bom combate". Ninguém retorna com a tarefa de praticar o mal. Entretanto, mergulhados no corpo físico, o livre-arbítrio de cada um dita o rumo a ser tomado. Dependendo das escolhas realizadas mantemo-nos ou não no caminho do progresso espiritual para o qual todos retornamos.

Encontrei uma citação do espírito de Emmanuel no livro *Obras da fé*, que achei que resume muito bem o problema sobre o medo da morte: "A morte não seria problema se fosse o fim. É problema grave porque significa vida, recomeço e atividade nova."

Se a morte é um problema grave porque representa a continuação da vida que não se interrompe, não é melhor pensarmos um pouco mais sobre ela? Ao fugirmos do assunto, ao nos recusarmos a abordar esse tema que é o mais certo para todo aquele que está vivendo em um corpo físico, tornaremos a morte um assunto menos grave?

Falar sobre a morte não é falar sobre a vida que continua? Se gostamos tanto da vida, por que tememos tanto a morte? A resposta está na consciência de cada um. Desejo que na sua não exista esse temor.

NINGUÉM VOLTOU PARA CONTAR!

AH! COMO AQUELES que gostam de viver os prazeres breves da vida material adoram essa frase: "Ninguém voltou para contar!"

Será que não, mesmo?

Não vamos voltar muito no tempo. Há mais um pouco de dois mil anos, relembremos a passagem descrita em *O Evangelho segundo o Espiritismo*, capítulo IV, item 3:

> (Após a transformação). Seus discípulos o interrogaram, dizendo: Por que, pois, os escribas dizem que é preciso que Elias venha antes? Mas Jesus lhes respondeu: É verdade que Elias deve vir e restabelecer todas as coisas; mas eu vos declaro que Elias já veio, e não o reconheceram, mas o trataram como lhes aprouve. É assim que eles farão sofrer o Filho do Homem. Então seus discípulos compreenderam que era de João Batista que lhes havia falado. (Mateus, cap. XVII, v. de 10 a 13; Marcos, cap. IX, v. 11, 12 e 13).

Pode haver uma colocação mais clara do que essa: "... mas eu vos declaro que Elias já veio, e não o reconheceram, mas o trataram como lhes aprouve."? É o próprio Jesus fazendo essa afirmativa! Mas os recalcitrantes argumentam sem desistir: "Ah! Mas ele falava de Elias e não de um simples mortal!" Argumento que não resiste ao fato de a Lei de Deus ser igual para todos por uma simples questão de justiça. Se tratasse essa Lei a um único ser humano de forma diferente, ela já não seria mais justa e, portanto, teríamos que ter uma outra Lei que fosse absolutamente justa e não abrisse nenhuma exceção.

Se Elias voltou na pessoa de João Batista como está afirmado no texto, tendo sido inclusive decapitado como mecanismo de resgate do que fez ao sacerdote do deus Baal em vidas anteriores, é porque todos os seres da Criação estão submetidos a essa mesma Lei de Justiça. Ou então a Lei não é justa e se não é justa há que haver uma outra que a substitua porque Deus é absolutamente perfeito.

Entretanto, na passagem que descreve o encontro de Jesus com Nicodemos, essa realidade é reafirmada. Vejamos o que nos descreve o Evangelho no mesmo capítulo citado, agora no item 5:

> Jesus lhe respondeu: Em verdade, em verdade vos digo: Ninguém pode ver o reino de Deus se não nascer de novo.
>
> Nicodemos lhe disse: Como pode nascer um homem que já está velho? Pode ele entrar no ventre da sua mãe, para nascer uma segunda vez?
>
> Jesus lhe respondeu: Em verdade, em verdade

> vos digo: Se um homem não renascer da água e do espírito, não pode entrar no reino de Deus. O que é nascido da carne é carne, e o que é nascido do espírito é espírito. Não vos espanteis do que eu vos disse, que é preciso que nasçais de novo.

Não tem outro "jeitinho", não! Voltaremos em um novo corpo para burilarmos o espírito. Tal é a Lei. Mas o pessoal não desiste: "Que nada! Nunca ninguém voltou para contar!"

Será que Chico Xavier enganou a tantas mães que sentiram seus filhos retornando nas cartas que receberam pelas mãos abençoadas desse apóstolo mineiro? Será que as filas que se formavam em Uberaba eram compostas de pessoas enganadas? Será que Chico enganou a todos por todo tempo? O que Chico teria ganho com isso se somente lhe custou o sacrifício de toda uma existência de solidão e sacrifícios íntimos que desconhecemos?

Quando você tem um problema que o angustia não deseja que alguém lhe escute e diga uma palavra de consolo ou de direcionamento frente a situação? Pois então! O Chico abriu mão desse direito para poder entregar-se aos sofredores. Para quê? Para enganar e viver na solidão? A troco de quê? Você faria o que ele fez? Tantos voltaram através dele! Como ninguém voltou?

A mãe de Divaldo desencarnou e em menos de uma semana quando ele fazia uma palestra no Paraná, dona Ana entrou na palestra e pediu a Divaldo que contasse ao público que a morte não existia! Dona Ana se apresentava com o vestido que o filho lhe presenteara com o seu primeiro salário.

Volta ou não volta? Ou será que Divaldo mentiu? Considerando essa hipótese, o que teria ganho com isso? Qual seria o objetivo da "mentira"? Fama, notoriedade, endeusamento de sua pessoa? Se isso fosse verdade, o espírito Joanna de Ângelis já o teria deixado há muito tempo, já que os espíritos superiores não pactuam com esse tipo de atitude.

Após 40 dias da desencarnação de Nilson, trazido por Joanna ele escreve pelas mãos do grande amigo:

> A vida triunfa sobre a morte, e, há 40 dias desde o momento final no corpo, o amor incondicional do Pai prossegue socorrendo-me de modo que neste momento eu possa dizer com o coração túmido de saudade, mas com o espírito exultante: estou vivo!

E então, volta ou não volta? Ou será que Divaldo teria inventado uma outra mentira? A troco de quê?

Um outro fato ocorrido na vida de Divaldo comprova que o retorno ocorre sim. A irmã Nair de Divaldo que se suicidou por problemas no casamento, retornou à *Mansão do Caminho* como mais uma criança ali amparada em uma curta existência, portando problemas graves de saúde como mecanismo de resgate do ato impensado do suicídio, amparada pela permissão da Misericórdia Divina.

Divaldo a reconheceu pela maneira carinhosa como a menina a ele se referia na encarnação anterior: "Di"! Só ela o chamava dessa maneira. Além disso, dona Ana em espírito o havia avisado desse retorno da filha a uma curta existência como mecanismo de resgate necessário.

E segundo o próprio Divaldo ela já tornou a reencarnar. Volta ou não volta? Ou a mentira estaria imperando novamente para lucrar o quê? Quem mente visa alguma vantagem. Qual seria ela no caso de Divaldo e de Chico?

Ainda segundo o próprio Chico, Emmanuel reencarnou no ano 2000, tendo o Chico ido visitá-lo em desdobramento. Divaldo comenta que Joanna de Ângelis também prepara sua volta a partir de 2015 (vejam bem: a partir de e não no ano de 2015).

Segundo dados daqueles que conviveram com Chico (e são vários), dona Maria João de Deus iria reencarnar tendo como marido o mesmo espírito que fora pai de Chico e como primeira filha, dona Cidália. Tudo mentira? A única verdade incontestável é a afirmação de que "ninguém voltou para contar"? Mas que posicionamento digno daqueles que ainda vivem num planeta de provas e expiações!

No Evangelho de Mateus, cap. XVI, v. 13 a 17; Marcos, cap. VIII, v. 27 a 30, encontramos mais uma prova que voltamos sim. Vejamos o texto:

> Jesus, tendo vindo para os lados de Cesareia de Felipe, interrogou seus discípulos e lhes disse: que dizem os homens quanto ao Filho do Homem? Quem dizem que eu sou? Eles lhes responderam: Alguns dizem que sois João Batista, outros Elias, outros Jeremias ou algum dos profetas.

Vejam bem: se a volta fosse impossível, imediatamente Jesus teria dito aos seus discípulos que isso era impossível. Ou será que os que negam essa volta também acreditam que Jesus estaria mentindo? Até ele mentiria para que a afirmativa de homens descrentes - "Ah! Ninguém voltou para contar!" - fosse verdade?

O que me intriga nisso tudo é o que a pessoa lucra em apostar em sua própria derrota? Apostar em seu fim no túmulo! Acreditar que a sorte está irremediavelmente selada após uma única e curta existência nesse mundo de ilusões! Apostam contra si mesmas!

Enquanto estão em um corpo na Terra fazem de tudo para tirar vantagem e sair vencendo. Diante da morte entregam-se à derrota e afirmam categoricamente: "Ninguém voltou para contar!"

Se você souber qual é o lucro desse pensamento, por favor, esclareça-me! Como pode um ser humano apostar contra si mesmo quando perde um corpo se durante a vida física faz de tudo para levar a melhor? Ou seja, empregam tudo para vencer enquanto no corpo e fazem de tudo para aniquilar-se após esse corpo de duração tão curta! Dá para entender?

Depois muitos apregoam que Jesus vai voltar! Para que se não acreditamos ainda no que ele nos ensinou quando aqui esteve em um corpo material? "É necessário nascer de novo!" "Elias já veio." E o que dizemos nós em nossa insignificância? "Ah! Ninguém voltou para contar!"

Outros ainda dizem: "Só acredito se alguém da minha família que já se foi me aparecer e provar que voltamos, mesmo!" A esses, só cabe a seguinte resposta: "Se um espírito, mesmo que da sua família, se tornasse visível aos seus olhos descrentes, você ganharia todas as corridas de *São Silvestre* e chegaria correndo ao mundo espiritual após a sua desencarnação e ainda gritando: vi um fantasma!"

É difícil ou não de entender? Ou é mais fácil acreditar que ninguém voltou? Será que até quando fizermos a nossa viagem de volta para um novo corpo continuaremos a negar? É só uma questão de tempo para que cada um tenha a prova do que necessita para crer na realidade da volta anunciada claramente por Jesus.

OREI E NÃO CONSEGUI

O que quer que seja que pedirdes na prece, crede que o obtereis, e vos será concedido.

(Marcos, cap. XI, v. 24)

VOCÊ TEM IDEIA de quantas pessoas pronunciam a frase acima ou debocha dela ou a trata com desdém porque não obteve aquilo que pediu em oração? Tenho a certeza de que são muitas! E o que será que tem de errado na afirmativa do apóstolo Marcos? Ou nada está errado a não ser a nossa compreensão sobre a colocação dele?

A mãe, por exemplo, que contempla o filho morto dentro de uma urna funerária, com certeza pediu para que isso não acontecesse.

O pai desesperado que perdeu o emprego, com certeza pediu para que isso não ocorresse pelo bem de sua família.

O doente que está com uma doença grave, com certeza pediu o socorro celeste para que essa enfermidade não o atingisse.

Muitas pessoas vitimadas por acidentes rodoviários fizeram suas orações antes de adentrar a rodovia.

Num avião que cai matando centenas de pessoas, com certeza muitas delas oraram antes de embarcarem para o voo que lhes ocasionou a desencarnação para que tudo transcorresse bem.

A mãe que tem um filho adicto dentro de casa não se cansa de pedir em oração para que esse filho largue o vício que o está matando aos poucos e a toda família.

As mães que possuem um filho em um presídio oram diariamente para que esses filhos se regenerem.

A mãe que vê o filho em um leito de um hospital vive em prece constante para que a saúde do ser amado se regenere.

A pessoa vítima de um sequestro ora desesperada para que tudo termine bem.

A mulher estuprada com certeza pediu socorro mental nos minutos de terror que viveu.

Irmão José no livro *Deus te abençoe*, psicografia de Baccelli, afirma o seguinte: "Ora com sinceridade, pedindo inspiração a Deus, e Deus não te deixará sem resposta."

O que ocorre, então? Orei e não consegui. Pedi e não obtive.

Vamos analisar o que ocorre quando oramos pedindo a Deus como homens e não como ESPÍRITOS, filhos d'Ele. Creio que já dei o "mapa da mina" para você entender, não é mesmo? Mesmo assim vamos lá, começando por *O Evangelho segundo o Espiritismo*, capítulo XXVII, item 7:

> Seria ilógico concluir desta máxima: "o que quer que seja que pedirdes pela prece vos será concedido", que basta pedir para obter, e seria injusto acusar a Providência porque não cede a todo pedido que lhe é feito, pois ela sabe, melhor do que nós, o que é para o nosso bem. O mesmo ocorre com um pai sábio que recusa ao filho as coisas contrárias aos interesses deste. O homem, geralmente, não vê senão o presente; ora, o sofrimento é útil à sua felicidade futura. Deus o deixará sofrer, como o cirurgião deixa o doente sofrer uma operação, que deve conduzi-lo à cura.

Se o nosso filho nos pedisse uma faca afiada ou uma tesoura pontiaguda para brincar, nós daríamos o que ele está, inconsequentemente, a pedir? Nós atenderíamos ao pedido desse filho? É evidente que a resposta é não! Pois Deus faz o mesmo conosco que somos filhos d'Ele.

Agora, veja bem: somos filhos de Deus como espíritos imortais criados por Ele. O nosso veículo físico é confeccionado pelos nossos pais na atual reencarnação, o que nos transforma em Seus filhos pela carne. Mas, em relação a Deus, permanecemos como Seus filhos como espíritos! Eis aí a explicação do pedir e não obter. Muitas vezes pedimos a Deus pelo homem físico e não como espíritos imortais. O que acontece nessa hora? Deus analisa se o pedido que vai atender ao homem é bom ou nocivo ao espírito. A resposta de Deus sempre visará em primeiro lugar ao espírito imortal. Se como espíritos procedemos como a criança que pede aos pais uma faca afiada ou uma tesoura pontiaguda, é evidente que o Criador não nos atenderá pelo nosso próprio bem, assim como um pai ou uma mãe não dará ao filho o objeto perigoso solicitado pelo mesmo. Por isso, todas as vezes que através da oração pedirmos alguma coisa a Deus, vamos analisar se estamos priorizando o homem atual que caminha para a morte ou o espírito imortal herdeiro da eternidade.

Vejamos se a questão de número 663 de *O Livro dos Espíritos* nos esclarece mais um pouco sobre esse posicionamento:

> Já o dissemos: a prece não é jamais inútil, quando ela é benfeita, porque fortalece, e é já um grande resultado. Ajuda-te, e o Céu te ajudará, sabes isso. Aliás, Deus não pode mudar a ordem da Natureza ao capricho de cada um, porque aquilo que é um grande mal sob o vosso ponto de vista mesquinho e a vossa vida efêmera, é, frequentemente, um grande bem na ordem geral do Universo.

Viram só? O que poderia ser um grande mal sob o nosso ponto de vista ou da nossa vida efêmera? É exatamente quando pedimos a Deus que atenda as necessidades do homem físico. Se isso contrariar a ordem da Natureza, ou seja, se isso exigir que as Leis que regem o Universo sejam descumpridas, nunca seremos atendidos. O que se diria se um prisioneiro condenado por um crime que cometeu solicitasse ao juiz a sua soltura antes de cumprida a pena como a lei dos homens prevê? O juiz o atenderia? Óbvio que não, não é assim? Se o fizesse, o juiz estaria subvertendo o código penal e isso ele nunca fará. Se nós, como homens, não subvertemos a lei, o que se dirá do Criador em relação às Leis que regem o Universo?

Bem, você estará pensando, então: "se conclui que não adianta orar nos momentos de dificuldades?" Absolutamente não foi isso que quisemos dizer. E para que não paire nenhuma dúvida, vamos citar o pensamento de Joanna de Ângelis contido no livro *Desperte e seja feliz*, psicografia de Divaldo no capítulo intitulado *Orações solicitadas*:

> Quando a dor se apresenta sob qualquer forma, a oração é o veículo mais eficaz para suportá-la e superá-la. Ademais, ela cria um campo de paz, no qual a alma se fortalece e se inspira, melhor identificando os recursos próprios para fomentar a alegria e o bem-estar.

Orar sim e sempre. O único problema é avaliar se estamos pedindo pelo homem físico ou pelo espírito imortal. O problema é não nos posicionarmos como a criança que pede a faca ou a tesoura para se ferir. Se pedirmos como criança, não entenderemos a resposta de Deus, mas que Ele responde, responde. Basta aprendermos a pedir o bem do espírito para compreendermos as respostas d'Ele.

Você se lembra de como Jesus pediu ao Pai que afastasse dele o cálice de amarguras que se avizinhava quando estava no Monte das Oliveiras? Que fosse feita a vontade d'Ele e não a de Jesus.

Como podemos esperar que seja feita a nossa, especialmente quando pedimos a faca ou a tesoura da criança teimosa?

O SOCORRO ESPIRITUAL

VOCÊ ACHA QUE o socorro espiritual só acontece quando os espíritos amigos intervêm trazendo as soluções para os nossos problemas? Se pensa assim está enganado. Muitas vezes eles nos auxiliam mostrando situações piores do que a nossa ou daquela da qual estamos reclamando.

Vou narrar uma experiência pessoal. Estava no estacionamento de um supermercado meditando sobre o problema que aconteceu com a minha coluna. Tenho uma patologia chamada de *listese* de vértebra. Vértebra é um osso que compõe a coluna vertebral. Listese é um termo utilizado para descrever um escorregamento para fora do seu devido lugar da vértebra e quando isso ocorre, ela comprime o nervo que vai para as pernas provocando dor e prejudicando os movimentos dos membros inferiores.

Eu corria cerca de cinco a seis quilômetros por dia, o que na minha idade era um exercício bom. Com o surgimento dessa *listese* não consigo mais praticar esse esporte e ainda ando com dificuldade. Pode piorar? Sim, a velhice é uma coleção de problemas sob o ponto de vista físico. E estava eu a ruminar esses pensamentos negativos. Sabe quando a gente se descuida e abre a brecha mental achando que somos aquele que possui o problema maior? Pois bem. Nesse momento passou ao meu lado um senhor que eu já conhecia de vista por vê-lo andar com muita dificuldade na cidade, o que sempre me chamou a atenção para as dores que ele deveria sentir. Tinha as pernas e a coluna deformada. Empurrava um carrinho onde catava e colocava material reciclável para vender. Parou o carrinho e para sair andando, pegou uma bengala de cada lado do corpo para se dirigir até o interior do supermercado.

Nessa mesma hora, em minha consciência, veio a pergunta sobre quem possuía maior problema: se eu, sentado dentro do meu carro, ou o coitado que empurrava com imensa dificuldade o carrinho de mão catando material reciclável para vender e subsistir. Se ele, que para andar amparava-se em uma bengala de cada lado do corpo, ou se eu, que mesmo com a minha dificuldade andava sem auxílio. Se ele, que precisava catar material reciclável para vender, ou se eu, que tinha o meu sustento de forma mais branda.

Quem tinha o problema maior: ele, empurrando um velho carrinho de mão, ou eu, dentro do meu próprio veículo?

Abaixei a cabeça e deixei que a vergonha tomasse conta dos meus pensamentos. Os espíritos tinham me socorrido naquela hora, não com a cura da minha coluna, mas com a advertência através da minha consciência mostrando-me alguém em situação muito pior do que a minha.

Por isso disse no começo que o socorro espiritual não vem somente através da solução de um problema, mas também com o despertar para realidades piores do que a nossa.

Isso me lembrou de uma velha história que aprendi na doutrina espírita sobre um homem que reclamava muito porque só tinha banana para comer. Descascava a banana enquanto reclamava da vida, lembrando-se de quantos possuíam a comida farta sobre a mesa e ele ali comendo bananas apenas. Quantos não conseguiam comer de tudo o que tinham e ele sozinho com as suas bananas. De repente, ele parou e olhou para trás porque alguém parecia segui-lo. E de fato, outro homem o seguia comendo as cascas de banana que ele atirava fora!

Joanna de Ângelis em seu livro *Plenitude* psicografado por Divaldo, capítulo III, ensina-nos o seguinte sobre o sofrimento:

> As origens do sofrimento estão sempre, portanto, naquele que o padece, no recôndito do seu ser, nos painéis profundos da sua consciência.
>
> Ao lado das origens cármicas do sofrimento, surgem as causas atuais, quando o homem o busca mediante a irresponsabilidade, a prevalência do egoísmo que o incita à escolha do melhor para si em detrimento do seu próximo. Essa atitude se revela pelas emoções perturbadoras, que o aturdem na área das aspirações e se condensam em formas de aflição.

Era o que eu estava fazendo sentado no banco confortável do meu carro enquanto o outro empurrava um carrinho velho catando material reciclável para viver. Julgando-me um grande sofredor, entregava-me a emoções perturbadoras. Mas fui prontamente socorrido pelos espíritos amigos que deram uma chacoalhada na minha consciência trazendo aos meus olhos uma pessoa que, com toda a certeza, tinha problemas muito maiores e piores do que o meu.

No mesmo livro e capítulo, Joanna continua ensinando sobre as causas do sofrimento:

> É possível que uma experiência fracassada ou danosa, funesta ou prejudicial se manifeste a outras pessoas como ao seu autor por meio de resultados, após a próxima ou passadas algumas reencarnações. Esses resultados, no entanto, chegarão de imediato ou em mais tardio tempo. O certo é que virão em busca da reparação indispensável.

Por isso estou eu aqui com os meus problemas, como você aí com os seus. Não somos esquecidos por Deus ou vítimas inocentes atingidas por problemas que não merecemos.

Vamos fazer muita força para não reclamar das nossas *bananas* porque, com certeza, alguém, em algum lugar, deve estar comendo as nossas *cascas*...

CONSELHOS DE ANDRÉ LUIZ PARA VOCÊ

NÃO FIQUE ZANGADO, meu amigo, minha amiga. Os conselhos não são só para você. Eles são válidas para qualquer pessoa. De qualquer religião. Mesmo para aquelas que não tenham religião nenhuma. Esse espírito é muito sábio, como bem conhecemos. Se você desejar pular esse capítulo, sinta-se à vontade. Porém, não convém. Se na natureza nada dá saltos, como nos ensina a doutrina espírita, é bom que também não façamos o mesmo. Dessa maneira, vamos refletir com André Luiz? Boa sorte, então.

1.ª O que você acha que André Luiz recomendaria caso você pedisse por melhoras na sua saúde?
2.ª O que você acha que André Luiz recomendaria caso você pedisse em favor de um filho?
3.ª O que você acha que André Luiz recomendaria caso você pedisse perdão por uma falta cometida?
4.ª O que você acha que André Luiz recomendaria se você pedisse pela sua felicidade?

5.ª O que você acha que André Luiz recomendaria caso você pedisse ajuda para a solução desse ou daquele problema?

6.ª E se você pedisse a assistência dos bons espíritos como vivemos fazendo, o que você acha que André Luiz orientaria?

Já pensou em todas essas questões? E encontrou as respostas certas? Lógico! Você encontrou respostas, mas não sabe se são as mesmas de André Luiz, não é assim? Então vamos juntos "enfrentar" as lições desse professor espiritual? Vamos lá. Vá acompanhando as recomendações que se referem a cada uma das perguntas anteriores.

RECOMENDAÇÕES:

1.ª Antes, porém, socorra o enfermo em condições mais graves.

Viu só? Será que nossa enfermidade é tão grave que nos impede de auxiliar àqueles que estão muito mais doentes do que nós mesmos?

2.ª Antes, porém, proteja a criança alheia em necessidade maior.

Meu Deus! Será que pensamos nos filhos alheios? Por exemplo: em um sinaleiro onde uma criança pede, muitas vezes obrigada pelos próprios pais, qual a nossa atitude? Ah! Você não dá porque sabe que irá para as mãos desses pais que têm a coragem de colocar os filhos a esmolar nos sinaleiros? Muito bem. E as crianças que estão abrigadas em um orfanato, por que você não auxilia?

> 3.ª Antes, porém, desculpe incondicionalmente aqueles que lhe feriram o coração.

Complicou, não é mesmo? Quantas vezes nos permitimos magoar? Se perdoássemos, mataríamos a mágoa na origem sem deixá-la ganhar vida! Como nosso perdão é tardio, nos magoamos primeiro para depois ficarmos pensando se perdoamos ou não. E às vezes passamos uma vida inteira pensando e desencarnamos sem perdoar. Aí acontece aquilo sobre o qual Jesus nos orientou: somos entregues à Lei que nos reconduzirá novamente junto àqueles a quem ferimos ou não perdoamos até consumarmos o acerto de contas que liberte a nossa consciência.

> 4.ª Antes, porém, semeie nalgum gesto simples de amor a alegria do próximo.

Veja bem: é hábito do nosso dia a dia tomarmos essa atitude? Será que nos preocupamos em levar uma pequena dose que seja de felicidade para a vida de alguém? Ou somos rápidos em ferir e lentos, muito lentos, em alegrar a quem quer que seja?

> 5.ª Antes, porém, busque suprimir essa ou aquela pequenina dificuldade dos semelhantes.

Complicado, não? Não porque seja difícil auxiliarmos de uma forma pequena aos outros. É que mais comumente nos acostumamos a ser problemas para os outros. E aí nos complicamos quando pedimos ajuda para as nossas dificuldades.

Finalmente a última pergunta.

> 6.ª Antes, porém, seja você mesmo um espírito bom ajudando os outros.

Agora complicou de vez! Porque, se existe coisa que espírita faz todos os dias é pedir o socorro aos espíritos amigos. É ou não é? Se você constitui exceção, parabéns. Mas a imensa maioria pede. Quando chegamos a um espírito superior pedindo ajuda, ele investiga se temos cumprido com a recomendação de André Luiz. Claro! Como ensina também André Luiz, toda solicitação assemelha-se, de algum modo, à ordem de pagamento que, para ser atendida, reclama crédito. Nada mais justo é ou não é? Que gerente de banco aqui na Terra pagaria um cheque sem fundo? Se ele assim procedesse, teria que tirar do próprio bolso para cobrir o prejuízo do banco. Imagine como deve agir a Justiça perfeita! A cada um segundo as suas obras. Nessa hora do aperto muitos perguntam: mas Deus não perdoa e socorre? Claro que sim. Só que o perdão de Deus se faz através de novas oportunidades de repararmos o mal praticado. Quando reparamos o mal e continuamos a investir no bem, nossa "conta" no Banco da Providência começa a acumular fundos para "sacarmos" na hora das nossas necessidades. Tem alguma dúvida? Releia o *Nosso Lar* no capítulo onde André Luiz nos fala sobre o bônus-hora.

Bem, se você deseja saber mais conselhos ou recomendações de André Luiz, sugiro a leitura do capítulo 41 do livro *Ideal espírita*, psicografia de Chico Xavier. Lá você se reencontrará com André e poderá responder outras questões para aprender a agir em favor de você mesmo, socorrendo àqueles a quem possa auxiliar. E sempre tem alguém a quem estender as nossas mãos.

SEXUALIDADE E CARÁTER

VOU FAZER UMA pergunta bem direta, bem objetiva: homoafetivo (homossexual), seja masculino ou feminino, para você é sinônimo de caráter? Ou seja, o homossexualismo traduz que o indivíduo, homem ou mulher, seja um mau caráter? Ou você acha que esse assunto não deve ser tocado em doutrina espírita porque o espírita vive em um mundo onde isso não acontece? Ou pior ainda: em centro espírita não se admite ninguém homoafetivo (homossexual)?

Vamos fazer uma pequena pausa enquanto você pensa para informar que o termo homossexual está sendo trocado por homoafetividade para chamar a atenção que em um casal homossexual ou homoafetivo existe um sentimento, que a atração entre dois indivíduos do mesmo sexo não está baseada estritamente em sexo.

Retornemos ao assunto inicial. E aí, você já pensou na pergunta feita bem no início: o homossexual (por enquanto usaremos esse termo que é mais conhecido para não confundir o raciocínio de ninguém) é sinônimo de mau caráter?

Vou auxiliar na resposta: nos presídios de nosso país a maioria dos presos é heterossexual. As pessoas envolvidas nos processos de corrupção do povo brasileiro, até onde se saiba, são heterossexuais. O pai que estupra uma filha no recinto sagrado de um lar é heterossexual. O casal que coloca filhos para esmolar em sinaleiros e obter dinheiro para sustentar vícios desse casal é constituído por um homem e uma mulher e, portanto, heterossexuais. A mãe que abandona um filho recém-nascido é uma mulher heterossexual. O moço que abandona a jovem que ele engravidou e a induz à prática do aborto ou simplesmente desaparece sem assumir a responsabilidade da paternidade é heterossexual. Não vou continuar com os exemplos para não me tornar cansativo. Mas a pergunta está de pé: você acha que homossexualidade é sinônimo de mau caráter?

Como você explica que nos exemplos citados os heterossexuais deram exemplo patente de má conduta, de mau caráter?

Podemos concluir que sexualidade não traduz necessariamente bom ou mau caráter. É evidente que não se pode negar que existem homossexuais de mau caráter, de má conduta, de vida lamentável. Mas e entre os heterossexuais esses exemplos também não existem? Fica claro que a opção sexual de duas pessoas não pode rotulá-las nem como boas nem como más? É necessário, a bem da verdade, analisar toda a vida dessas pessoas antes de, preconceituosamente, classificá-las disso ou daquilo.

"Mas, meu Deus! Falando nesse tema em um livro espírita?!" – protestarão muitos!

Leia ou releia o livro *Sexo e obsessão* do espírito Manoel P. de Miranda, psicografia de Divaldo, o capítulo que leva exatamente o título do livro. O autor espiritual deixa claro que a tendência é aumentar o número de homoafetivos (ou homossexuais) entre os espíritos que irão reencarnar. Por que, então, o espírita deveria tampar os olhos para não enxergar essa realidade que pode estar dentro do nosso próprio lar?!

"Deus me livre!" - dirão se benzendo outros. Você recusaria receber em seu lar um espírito que é filho de Deus e que esteja necessitado de uma experiência na homoafetividade? Lembra-se do que foi dito linhas atrás sobre o livro *Sexo e obsessão*? O número de homossexuais vai aumentar e pode acontecer que seu lar seja solicitado para receber um ou mais deles. Ou você se recusaria a receber um filho de Deus nessas condições? Foi essa a atitude de Jesus diante da mulher adúltera?

Se você está agitado por dentro com esse assunto, pode ficar tranquilo que não está sozinho. Infelizmente não. No livro *Além do rosa e do azul*, o autor Gibson Bastos, no capítulo 17 relata uma experiência lamentável de um casal homossexual dentro de um centro espírita. Não abordaremos onde, mas sim a atitude de espíritas que dizem acreditar no Consolador prometido por Jesus.

Um casal homossexual masculino procurou um centro porque já haviam sido discriminados em outras religiões que também não vêm ao caso. O objetivo não é fazer fofoca, mas analisar a conduta de espíritas. De espíritas! Pois é. O casal procurou amparo no espiritismo e tentou participar em uma reunião de jovens espíritas.

Ficaram quietos a reunião inteira e depois revelaram a causa: recomendou-se a eles não abrirem a boca para não "darem bandeira"! Quem deu toda a bandeira no caso foi a conduta profundamente lamentável de pessoas desse centro que ainda não compreenderam totalmente a posição da doutrina perante os necessitados do corpo e da alma.

Ensina Irmão José no livro *Deus te abençoe*, psicografia de Baccelli: "A opção sexual deste ou daquele irmão é prova que lhe é pertinente, não cabendo a ti, que dela te consideras isento, senão o dever de respeitá-lo e auxiliá-lo." Belas palavras que se encaixam muito bem a quem no centro espírita onde o fato ocorreu teve a infeliz ideia de discriminar o casal homossexual.

Quem discordar (e tem todo o direito!) releia a pergunta de número 886 de *O Livro dos Espíritos* quando Kardec pergunta qual o verdadeiro sentido da palavra caridade como a entendia Jesus: "... indulgência para com as imperfeições alheias..."! Indulgência, meu amigo e minha amiga e não crítica, julgamento, preconceito, soberba ou que adjetivo mais se queira usar!

Será que aos olhos dos espíritos superiores os nossos defeitos não são muito piores do que o de um casal homossexual que se respeita e vive uma vida de harmonia e fidelidade que muitos casais heterossexuais não vivem? É isso mesmo: muitos casais heterossexuais não desfrutam da mesma fidelidade de casais homossexuais! Provocaria em você arrepios a hipótese de que em uma determinada reencarnação você necessitasse de uma experiência na homoafetividade? Será que somos seres privilegiados ou muito evoluídos que já superamos essa necessidade?

Preste bem atenção no que Joanna de Ângelis nos fala no livro *Vida: desafios e soluções*, psicografia de Divaldo:

> Jung ainda pôde identificar a dualidade existente nas criaturas, a que deu as denominações de *animus* e *anima*, que estão sempre presentes nos sonhos. O *animus* como sendo a representação masculina nas atividades oníricas das mulheres e o *anima*, nas dos homens, como simbolismo presente das mulheres, ...

Agora veja a colocação de Joanna sobre o *anima* e o *animus*:

> ... nessas representações oníricas, muitas das personagens *animus* e *anima* são as reminiscências, as revivescências das vidas anteriores arquivadas no Inconsciente de cada um, graças ao perispírito ou corpo intermediário entre o espírito e a matéria.

Entendeu ou tem medo de entender o que a nobre mentora quis dizer?

Se estiver com medo, ela nos esclarece:

> Jesus, por exemplo, harmonizava as duas *naturezas*, o *animus*, quando era necessário usar de energia e vontade forte para invectivar os hipócritas e lutar sem receio pelo ideal do amor, e *anima*, quando atendia os infelizes que o buscavam necessitados de entendimento e auxílio.

Tem uma música que diz mais ou menos o seguinte: "Se Deus é menino ou menina, eu sou masculino e feminino."

É da Lei. Se Jesus possuía o *animus* e o *anima*, quem somos nós para excluir um ou outro?

Diante de espíritos em experiências envolvendo a sexualidade, tenhamos respeito e acolhimento. Hoje são eles. Amanhã poderemos ser nós, por que não? A não ser que estejamos entre aqueles homens dispostos a atirar a primeira pedra na mulher adúltera e do qual ainda não nos libertamos, infelizmente.

O MEU ANIMALZINHO AINDA VIVE?

NINGUÉM É OBRIGADO a gostar de animal, como nenhuma pessoa tem o direito de maltratar de forma alguma um animal. Chico Xavier afirmava que alguém que fosse capaz de maltratar qualquer ser da obra da Criação Divina, ainda não tinha aprendido a amar.

O outro Francisco, o de Assis, por entender que os animais também são criaturas de Deus como nós, chamava-os de "irmãos". Lembram-se da história do lobo de Gúbio?

Entretanto, vamos voltar à pergunta que várias pessoas me fizeram à luz da doutrina espírita, se o animal de estimação, querido pela família, que havia morrido continuava de alguma forma a viver.

A resposta, explicava, não serei eu quem a dará, mas o próprio *O Livro dos Espíritos*. Quando a pessoa ouvia essa colocação se espantava e perguntava: "Mas *O Livro dos Espíritos* aborda esse assunto?" Abertamente, respondia eu absolutamente convicto, certeza essa que agora divido com você. Vamos lá.

Na questão de número 597 Kardec pergunta se existe no animal um princípio independente da matéria. E a resposta é muito clara: "Sim, e que sobrevive ao corpo."

Já na questão de número 540 a explicação vai mais longe quando os espíritos superiores emitem uma frase lapidar: "É assim que tudo serve, tudo se coordena na Natureza, desde o átomo primitivo até o arcanjo que, ele mesmo, começou pelo átomo." Perceberam bem a profundidade e a amplitude dessa resposta? Um dia o arcanjo, ou seja, o espírito que atingiu a perfeição, um dia ele foi um átomo primitivo! Isso quer dizer que existe uma lei de evolução, de crescimento desde o átomo rudimentar até o arcanjo e que esse crescimento é um direito de todos na obra da Criação Divina.

Se você tem dúvidas, vamos ao ensinamento da questão de número 607 de *O Livro dos Espíritos*:

> Foi dito que a alma do homem, em sua origem, está no estado da infância na vida corporal, que sua inteligência apenas desabrocha e ensaia para a vida; onde o espírito cumpre essa primeira fase?
>
> Resposta dos espíritos: "– Numa série de existências que precedem o período que chamais humanidade.

Vejam que colocação! Estagiamos antes do reino hominal em outros reinos que vêm antes desse reino. Ou seja, em reinos inferiores.

Se você discorda, observe essa outra pergunta:

> – A alma pareceria, assim, ter sido o princípio in-

> teligente dos seres inferiores da criação? Resposta: Não dissemos que tudo se encadeia na Natureza e tende à unidade? É nesses seres, que estais longe de conhecer totalmente, que o princípio inteligente se elabora, se individualiza pouco a pouco e ensaia para a vida, como dissemos.

Muitas pessoas preferem balançar negativamente a cabeça quando leem essas respostas em *O Livro dos Espíritos* e discordar desse entendimento. É um direito de qualquer pessoa discordar. Entretanto, as Leis de Deus não dependem da nossa aprovação ou não. Elas simplesmente existem e o problema é nosso ao procurar entendê-las da maneira mais correta possível para o nosso próprio bem. Quanto mais orgulho e vaidade tivermos, mais dificuldades teremos em aprender aquilo que necessitamos saber para o nosso crescimento espiritual.

Agora, cá entre nós, você que discorda, não abre mão de um dia chegar à perfeição, não é mesmo? Só o homem, com todas as mazelas que a cada dia viram notícias em jornais e canais de televisão, tem o direito de progredir até o reino angelical? Os outros seres de reinos inferiores e que não praticam o mal como o ser humano consciente dos seus atos não têm esse direito? Interessante como o egoísmo induz a raciocínios absurdos como esse.

Ouçamos (ou leiamos) agora Emmanuel no livro de mesmo nome, psicografado por Chico Xavier, capítulo XVII:

> O homem está para o animal, simplesmente como um superior hierárquico. Nos irracionais desenvol-

> vem-se igualmente as faculdades intelectuais. O sentimento de curiosidade é, na maioria deles, altamente avançado e muitas espécies nos demonstram as suas elevadas qualidades, exemplificando o amor conjugal, o sentimento de paternidade, o amparo ao próximo, as faculdades de imitação, o gosto da beleza.
>
> Os mais ferozes animais têm para com a prole ilimitada ternura. Aves existem que se deixam matar, quando não se lhes permite a defesa das suas famílias. Os cães, os cavalos, os macacos, os elefantes deixam entrever apreciáveis qualidades de inteligência. É conhecido o caso dos cavalos de um regimento que mastigavam o feno para um de seus companheiros, inutilizado e enfermo. Conta-se que uma fêmea de cinocéfalo[2], muito conhecida pela sua mansidão, gostava de recolher os macaquinhos, os gatos, e os cães, dos quais cuidava com desvelado carinho; certo dia, um gato revoltou-se contra a sua benfeitora, arranhando-lhe rosto, e a mãe adotiva, revelando a mais refletida inteligência, examinou-lhes as patas, cortando-lhe as unhas pontiagudas com os dentes.

E eu fico a pensar e pergunto: será que tudo isso foi criado para satisfazer os caprichos do ser humano? Ser humano esse que se coloca abaixo da atitude desses animais pelo fato de possuir a inteligência e a razão!

Em uma mensagem psicografada por Chico no dia 15/12/1969, em Uberaba-MG, ensinando sobre o sofrimento nos animais, Emmanuel coloca:

---

2. Nota do autor: Cinocéfalo é também uma designação comum aos mamíferos dermópteros, do gênero Cynocephalus, da família dos cinocefalídeos, conhecidos vulgarmente como lêmures-voadores. São semelhantes aos primatas, mas com focinhos semelhantes ao da raposa. Seu *habitat* é a ilha de Madagascar, na África.

> Certifiquemo-nos, porém, de que toda criatura caminha para o reino da angelitude, e que, investindo-se na posição de espírito sublime, não mais conhece a dor, porquanto o amor ser-lhe-á sol no coração, dissipando as sombras da vida ao toque de sua própria luz.

Repararam no "detalhe"? Toda a criatura caminha para o reino da angelitude! Essa afirmativa de Emmanuel vem ao encontro dos ensinamentos da questão 607 de *O Livro dos Espíritos* onde encontramos que o próprio arcanjo esteve no átomo primitivo antes de chegar à perfeição.

No livro *Lições de sabedoria*, de autoria da saudosa Marlene Nobre, encontramos a narrativa sobre Chico com um gatinho que manifestava sinais de envenenamento e corria risco de morte. Esse gato frequentava há algum tempo a casa de Chico e recebia dele alimento num pires. Eram "velhos" conhecidos. Um veterinário, amigo do médium, levantou a hipótese de o animal ter sido envenenado por uma aranha com quem fora visto brincando e sugeriu ao Chico que aplicasse um passe no gato. O animal agonizava e encontrava-se extremamente agitado. Chico condoído da situação do animal aproximou-se dele a fim de transmitir-lhe o passe. Essas foram as palavras do médium ao animal:

> Olha, você está morrendo. Nosso amigo pediu um passe e eu com a permissão de Jesus vou transmitir. Mas você tem que colaborar, pois está muito doente. Em nome de Jesus, você fique calmo e abaixe a cabeça, porque quando a gente fala no nome do Senhor é preciso muito respeito.

O gato teve uma reação surpreendente. Esticou-se todo no chão permanecendo quieto até que Chico terminasse o passe. Depois, Chico tomou o animal carinhosamente no colo e pingou leite em sua boca com um conta-gotas. O animal sobreviveu e permaneceu junto ao Chico por um bom tempo, não mais como conhecidos, mas como grandes amigos.

Por essas e muitas outras passagens que fica impossível relatar, continuo a responder a quem me pergunta se o animal de estimação continua vivo após a morte do corpo: sim, ele continua vivo porque foi criado por Deus e está destinado a evoluir e viver para sempre como todos nós. Se estiver errado, no que não creio em hipótese nenhuma, muito espírito elevado estará comigo em suas colocações. Aliás, esse é o único meio de eu estar entre eles, é claro!

CARNE: COMER OU NÃO COMER?

COMER CARNE: A doutrina espírita entende como sendo errado? Errado, para começo de conversa, é entender que a doutrina se manifesta dizendo que isso é certo ou errado. No espiritismo aprendemos as consequências de nossas escolhas realizadas, livremente, de posse do livre-arbítrio que Deus outorgou a cada criatura, quando esta ingressa no reino da razão. Não existe proibição em espiritismo, apenas a demonstração das consequências das nossas escolhas

Vou deixar nas linhas que se seguem alguns dados que consegui levantar no estudo dessa pergunta que é muito frequente no meio espírita. E por que será que é comum se perguntar ao espírita se é errado comer carne? Eu tenho lá minhas ideias. Creio que é mais fácil modificar o que está por fora do que aquilo que arrastamos há milênios de inconveniente por dentro de nós.

Os fariseus agiam assim. Tinham uma série de rituais exteriores e acreditavam que com essas atitudes fáceis cumpriam a sua obrigação para com Deus. Creio que em relação à carne se encontra um pouco de farisaísmo no comportamento do ser humano. Mudar por fora é muito mais fácil do que se modificar por dentro.

Mas vamos ao assunto da pergunta. Afinal, à luz dos ensinamentos espíritas, devemos ou não nos alimentar da carne dos animais? Ela não é indispensável à vida humana? Respondo tranquilamente que não. Se fosse, os vegetarianos e, pior ainda, os veganos, estariam extintos da face da Terra. Vegano é a pessoa que além de não comer carne, não come nenhum produto derivado de animais, tais como o leite, os ovos, o queijo etc. Se a carne fosse indispensável eles não existiriam para "contar histórias", como se diz na gíria.

"Ah! Mas e a vitamina B12 que só existe na carne, não é indispensável à vida?". - perguntam os carnívoros. Primeiro: a vitamina B12 não existe somente na carne. Ela existe nesse produto em maior quantidade, mas a encontramos também em outros produtos como o leite, o queijo e ovos em quantidades menores, sem dúvida nenhuma. Se esse for o problema, então está resolvido. Podemos ingerir a vitamina B12 através de injeções periódicas ou mesmo por via oral.

"Mas eu prefiro comer o meu bife no almoço e na janta do que tomar remédio!". E eu respondo: não se esqueça de que a carne dos animais está cheia de hormônios que entrarão também em seu corpo físico. Será que eles fazem menos mal do que a vitamina? Mas se você prefere esse risco a tomar a vitamina B12, o seu direito não se discute. Apenas um alerta: comer um bife para atender a necessidade do corpo é uma coisa. Passar um fim de semana inteiro nas famosas e tradicionais churrascadas regadas à cerveja é outra muito diferente.

Essa última situação não é para atender a necessidade do corpo, mas sim à gula. E a gula no entendimento da doutrina espírita é uma forma de suicídio indireto. Reveja no livro *Nosso Lar* o fato de André Luiz receber acusações de que fora um suicida enquanto no corpo. Ele sabia que não havia cometido suicídio, entretanto, as entidades espirituais que o agrediam chamavam-no de suicida.

"Jesus disse que não é aquilo que entra pela boca que faz mal ao homem, mas sim o que está em seus sentimentos." - argumentam outros. É verdade. Por exemplo: Chico Xavier comia carne com moderação. Hitler era vegetariano. Só não se esqueça das outras muitas orientações de Jesus em relação à reforma íntima que devemos promover para manter o nosso interior como se deve.

Parece que estamos num jogo de pingue-pongue ou de peteca, não é mesmo?

Então vamos desembaraçar um pouco o assunto? Passo para você esta frase monumental que li um dia: NINGUÉM EVOLUI PORQUE DEIXA DE COMER CARNE. DEIXAMOS DE COMER CARNE PORQUE EVOLUÍMOS. Desculpe o tamanho da letra, mas ela é necessária para ficar gravada em definitivo em seu pensamento.

Agora passo a você algumas orientações de espíritos

mais evoluídos para que você tire a sua conclusão a respeito do comer ou não comer carne. Vamos lá.

> E o homem, meus amigos, transforma a procura por nitrogênio em movimento de paixões desvairadas, ferindo e sendo ferido, ofendendo e sendo ofendido, escravizando e tornando-se cativo, segregado em densas trevas! Ajudemo-lo a compreender, para que se organize uma era nova. Auxiliemo-lo a amar a terra, antes de explorá-la no sentido inferior, a valer-se da cooperação dos animais, sem os recursos do extermínio! Nessa época, o matadouro será convertido em local de cooperação, onde o homem atenderá aos seres inferiores e onde estes atenderão às necessidades do homem, e as árvores úteis viverão em meio do respeito que lhes é devido.
>
> **André Luiz**
> **(*Os mensageiros*, capítulo 42)**

Aí vai mais:

> Alguns encarnados, como habitualmente acontece, não tomavam a sério as responsabilidades do assunto e traziam consigo emanações tóxicas, oriundas do abuso de nicotina, carne e aperitivos, além das formas-pensamentos menos adequadas à tarefa que o grupo devia realizar.
>
> **André Luiz**
> **(*Nos domínios da mediunidade*, capítulo 28)**

Continuemos agora com Humberto de Campos no livro *Cartas e crônicas*, item 4:

> Comece a renovação de seus costumes pelo prato de cada dia. Diminua gradativamente a volúpia de comer a carne dos animais, o cemitério na barriga é um tormento, depois da morte. O lombo de porco ou bife de vitela, temperados com sal e pimenta, não nos situam muito longe dos nossos antepassados, os tamoios e caiapós, que se devoravam uns aos outros.

No livro *Missionários da luz*, capítulo 4, encontramos um mentor ensinando a André Luiz e seus companheiros, falando sobre a alimentação com carne animal:

> A pretexto de buscar recursos proteicos, exterminávamos frangos e carneiros, leitões e cabritos incontáveis. Sugávamos os tecidos musculares, roíamos os ossos. Não contentes em matar os pobres seres que nos pediam roteiros de progresso e valores educativos, para melhor atenderem a Obra do Pai, dilatávamos os requintes da exploração milenária e infligíamos a muitos deles determinadas moléstias para que nos servissem ao paladar, com a máxima eficiência. O suíno comum era localizado por nós, em regime de ceva, e o pobre animal, muita vez à custa de resíduos, devia criar para o nosso uso certas reservas de gordura, até que se prostrasse, de todo, ao peso das banhas doentias e abundantes. Colocávamos gansos na engordadeira para que hipertrofiassem o fígado, de modo a obtermos pastas substanciosas destinadas a quitutes que ficaram famosos, despreocupados das faltas cometidas com a suposta vantagem de enriquecer os valores culinários. Em nada nos doía o quadro comovente das vacas-mães, em direção ao matadouro, para que nossas panelas

> transpirassem agradavelmente. Encarecíamos, com toda a responsabilidade da Ciência, a necessidade de proteínas e gorduras diversas, mas esquecíamos de que a nossa inteligência, tão fértil na descoberta de comodidade e conforto, teria recursos de encontrar novos elementos e meios de incentivar os suprimentos proteicos ao organismo, sem recorrer às indústrias da morte.

Você se lembrou ao ler esse pequeno trecho da famosa costelinha de porco tão pedida nos restaurantes e em muitos lares? E de quando sugávamos os ossos dos frangos? E do patê de ganso? E daquela picanha malpassada a escorrer sangue?

"Ah! - dirão muitos - mas na questão 723 de *O Livro dos Espíritos*, quando Kardec pergunta se a alimentação com a carne animal é contrária à lei natural, os espíritos da codificação respondem que na nossa constituição física, a carne nutre a carne. De outra maneira o homem enfraquece. O homem deve alimentar-se segundo exige a sua constituição."

Calma! *O Livro dos Espíritos* foi codificado em 1857. Naquele tempo não tínhamos os recursos alimentares de que dispomos atualmente e que podem suprir plenamente as nossas necessidades. Será que hoje a resposta dos espíritos seria a mesma considerando que a doutrina espírita é uma doutrina que evolui? Que está preparada para acompanhar a ciência passo a passo naquilo em que a ciência comprovar que está certa?

Enfim, foi agradável a nossa conversa sobre o comer ou não comer carne, embora a conclusão e a decisão continuem a ser sua, meu amigo e minha amiga. Não é uma decisão da doutrina espírita e muitíssimo menos desse que, com muito prazer, escreve estas mal traçadas linhas.

Afinal, para que a Providência Divina teria dado a cada um de nós o livre-arbítrio, não é mesmo?

ANO NOVO?

Em todo primeiro de janeiro, muitos aspiram por um bom ano; poucos, porém, estão dispostos a construir um ano bom.

José Carlos de Lucca. (*Olho mágico*, cap. XIV.)

POR CERTO, DIANTE do Ano Novo festejado pela humanidade, você terá desejado alguns benefícios.

Acalentou a esperança por um mundo com mais paz e menos guerra que desonra a toda a Humanidade criada por Deus. Antes, porém, comece por pacificar o seu interior porque paz nenhuma o alcançará enquanto estiver em guerra íntima.

É compreensível que tenha almejado por uma saúde melhor no Ano Novo. Contudo, comece a ser o mais urgentemente possível o seu próprio médico aplicando em sua alma os ensinamentos sublimes do Evangelho de Jesus sem o qual o seu corpo não conhecerá a saúde verdadeira. Estranhamente, muitos daqueles que pedem por mais saúde, já iniciam o ano dando chance a enfermidades quando se entregam aos excessos da alimentação, da bebida alcoólica e da noite maldormida nos festejos que varam a madrugada em direção da aurora do primeiro dia do ano.

Também pode ter feito parte dos seus anseios uma maior união da família e para isso é indispensável que se transforme no veículo da harmonia quando o desentendimento rondar o seu ambiente familiar.

Se o seu desejo foi o de uma melhor situação financeira, não dispense o esforço próprio em busca desse objetivo lembrando-se de que Deus faz a parte d'Ele a partir do momento em que nos pomos em marcha para fazer a nossa.

Não se iluda em colher do solo da existência aquilo que não semeia porque, segundo Jesus, a cada um será dado segundo as suas próprias obras.

O Ano Novo que se inicia é a renovação de oportunidades de realizarmos o bem, oportunidades essas que já nos visitaram nos anos anteriores e que, muitas vezes, deixamos passar em branco inebriados pelos tesouros do mundo material.

A cada cota de tempo que o calendário dos homens assinala encontramos o desfilar de convites à prática do amor ao próximo como a nós mesmos. E é válido ressaltar que, se realmente nos amarmos, não deveremos deixar passar em branco essas oportunidades que se nos oferecem e que passam com a rapidez de um relâmpago, sem ficar esperando que saiamos da indecisão do egoísmo em direção da firme decisão do que nos cabe realizar na atual existência e que irão compor o testemunho à nossa paz íntima ou a nossa confissão de débitos perante a própria consciência no dia de nosso retorno ao mundo real dos espíritos imortais.

Sempre é bom lembrar que a maioria dos espíritos desencarnados e que tiveram a bênção de conhecer os ensinamentos espíritas, lamentam o tempo perdido enquanto no corpo quando fizeram o que não deveriam ter feito, ao mesmo tempo em que deixaram de realizar o que deveriam ter realizado.

Ano Novo! Que seja ele aquele instante de nossa estrada de Damasco, onde o homem velho carregando o fardo pesado dos desequilíbrios milenares ceda a oportunidade para o homem novo realmente desejoso de seguir Jesus.

Somente assim o Ano Novo realmente será um novo ano.

Lembremos com o espírito de Casimiro Cunha no livro *Cartas do Evangelho*, a seguinte realidade:

> Entre um ano que se vai
> E outro que se inicia,
> Há sempre nova esperança,
> Promessas de Novo Dia...
>
> Considerar meu amigo,
> Nesse pequeno intervalo,
> Todo bem que perdeste
> Sem saber aproveitá-lo.

Ano Novo!... Deus te abençoe
No esforço que te conduz
Das sombras tristes da Terra
Para as bênçãos de Jesus.

Na cidade onde moro, há muitos anos passados, existia um senhor muito simpático e educado que entregava pão nas residências que o contratavam para receber o alimento logo pela manhã. Esse senhor, lembro-me ainda muito bem, tinha uma espécie de carroça feita com lata ou alumínio, não sei precisar, toda forrada onde ele colocava higienicamente os pães.

Mas o que me chamou a atenção por diversas vezes foi o animal que puxava a carroça. Ele sabia as casas onde os pães eram entregues e parava automaticamente diante de cada residência.

Aquilo me chamava muito a atenção e por diversas vezes fiquei observando esse fato. Como um animal irracional conseguiu aprender os endereços onde o seu dono tinha que fazer a entrega? Muitos dirão: mas é óbvio! Por repetição, ora bolas! O animal era irracional, mas somos seres racionais que possuem inteligência e razão e não podemos imitar-lhe a conduta.

Sim! Não devemos em cada ano que se inicia fazer como o animal do padeiro em domicílio, ou seja, parar nos mesmos locais e repetir os mesmos deslizes para não impedir que a "carroça" da nossa existência caminhe um pouco mais em cada reencarnação e não fique estacionada em todas as vezes que tivermos a bênção de voltarmos à escola da Terra.

Agradeçamos à Providência Divina a permissão de mais um ano no corpo físico que se constitui em oportunidade valiosíssima em nosso caminho evolutivo, deixando velhos caminhos e retornando ao rebanho do Bom Pastor, para que os erros cometidos e as oportunidades de agir no bem, desperdiçadas em anos anteriores, não venham a se repetir em mais essa cota de tempo que denominamos na linguagem dos homens de Ano Novo.

Afinal, de que adianta um Ano Novo para um homem que deseja continuar espiritualmente velho, não é mesmo?

NÃO NOS DEIXE CAIR EM TENTAÇÃO

NÃO SEI SE você concorda comigo, mas a grande maioria das pessoas quando se fala em não cair em tentação, procura fora de si os motivos para serem tentadas. O que você acha dessa procura exterior? Irão encontrar as razões de suas tentações?

Por exemplo, naquele que bebe a tentação está na garrafa de bebida colocada ao alcance de suas mãos? Aquele que fuma, faz uso do cigarro porque assiste as "belas" propagandas dessa droga lícita na televisão? Aquele que se utiliza do dinheiro alheio desonestamente é tentado pela moeda que reluz diante de seus olhos? Aquele que adultera, a culpa é da mulher bonita que desfila perante seus olhos?

Se colocarmos diante de um coelho um punhado de notas de dólares e um maço de alface, o animal será tentado por qual das duas opções? Afinal, onde está essa danada de tentação?

No livro *Desperte e seja feliz*, psicografia de Divaldo,

Joanna de Ângelis no capítulo *Enfrentando tentações*, nos faz colocações esclarecedoras ao dizer "que as tentações são as pedras da estrada, criando impedimentos à movimentação dos viajantes do progresso; são os espinhos cravados nas *carnes do coração* ferindo a cada contração muscular..."

Somos tentados pelas imperfeições que ainda temos dentro de nós e que arrastamos de reencarnação em reencarnação enquanto não forem eliminadas. Esse posicionamento é bastante claro nas palavras de Emmanuel no livro *Fonte viva*, psicografia de Chico, no capítulo *Vigiemos e oremos*, ao dizer *que as mais terríveis tentações decorrem do fundo sombrio de nossa individualidade, assim como o lodo mais intenso, capaz de tisnar o lago, procede do seu próprio seio.*

A ideia comodista de que o espírito é forte, mas o corpo é fraco podia ser verdade antes dos ensinamentos da doutrina espírita. Após as revelações da codificação, ficou bem claro que o corpo nada mais é do que um mero instrumento passivo do ser imortal que o habita e utiliza, correta ou incorretamente, enquanto em trânsito pela Terra.

Como seria fácil ir para um lugar bom após a morte se o corpo fosse o culpado pelas nossas tentações! Sendo enterrado e decompondo-se de acordo com as leis da natureza, levaria com ele os nossos problemas, as nossas tentações e partiríamos como anjos em direção ao paraíso. Não é bastante cômoda essa ideia? É, mas infelizmente (ou felizmente?) ela é falsa.

Emmanuel continua ensinando nesse mesmo capítulo que *renascemos na Terra com as forças desequilibradas do nosso pretérito para as tarefas de reajuste.* É evidente essa realidade. Precisamos burilar essas imperfeições que estabelecem sintonia com as "ofertas" do mundo material quando reencarnamos. E sabemos muito bem por experiência própria que esse chamado dos prazeres do mundo possui muita força porque encontram eco em nossos desequilíbrios ainda não eliminados.

Até mesmo os espíritos muito evoluídos ao mergulharem na carne sofrem a visita das tentações. Francisco de Assis diante da beleza física e moral de Clara que o acompanhou na opção de servir ao mundo ao invés de servir-se do mundo, ficou tentado. Entretanto, tinha forças suficientes para vencer, como aconteceu.

Chico Xavier também padeceu situações de tentação. Em sua biografia está registrado que no banheiro onde Chico ia tomar o seu banho, espíritos com forma feminina se apresentavam sem roupa à sua visão mediúnica. Além do aspecto referente ao sexo, Chico sofreu outros tipos de tentações. Várias vezes recebeu valores em bens móveis e imóveis e passou-os para frente. Os próprios direitos autorais dos mais de quatrocentos livros que psicografou e que poderiam fazer dele um homem rico materialmente falando, não foram suficientes para tentá-lo e levá-lo à queda.

Com certeza se passa o mesmo com Divaldo em virtude da sua tarefa missionária de grande repercussão que incomoda os espíritos inferiores.

Mas seriam de todo mal as tentações para querermos dela nos livrar com desespero? No mesmo livro citado anteriormente, Joanna de Ângelis ensina:

> Nada acontece, porém, que não seja para melhor, quando se sabe retirar o bom proveito da situação. Ninguém cresce moral e espiritualmente sem a presença mortificadora da tentação. Constituem, também, os estímulos à vitória, à transformação íntima para melhor. São o aguilhão que impele para a frente todo aquele que padece o acúleo. A vida, sem tentações ou testes de avaliação moral, perderia o seu colorido e as suas motivações de crescimento.

E é Emmanuel, no mesmo livro *Fonte viva*, quem continua ensinando que não devemos nos propor atravessar o mundo sem tentações, porque elas nascem conosco, surgem de nós e alimentam-se com as nossas fraquezas. Precisamos proceder como o lavrador, continua Emmanuel, que está sempre disposto a cooperar com a terra da qual precisa retirar as boas sementes.

Lembra-nos, por fim, Joanna que mesmo Jesus não passou pelo mundo sem a visita das tentações diante dos argumentos dos fariseus hipócritas que queriam a todo custo colocá-lo contra as forças das autoridades romanas. Obviamente que como um espírito que já havia atingido a perfeição, rechaçou a todas elas mantendo-se na sua grandeza espiritual.

Encerramos essas colocações com os ensinamentos de Emmanuel: *Entretanto, lembremo-nos do ensinamento do Mestre, vigiando e orando, para não sucumbirmos às tentações, de vez que mais vale chorar sob os aguilhões da resistência que sorrir sob os narcóticos da queda.*

Afinal, onde se escondem as tentações? Diante de um espelho você poderá vê-las nitidamente.

COMO VÃO SEUS OLHOS?

MEU AMIGO, MINHA amiga, como vão seus olhos? Não, não estou perguntando se você usa óculos ou tem ótima visão. Creio que um ensinamento do espírito Neio Lúcio deixe mais claro a minha pergunta. Vamos a ele.

> **CAMINHO**
>
> O homem que passa despreocupadamente no caminho comum não vê a flor que lhe enfeita a passagem, o vento que atenua os rigores do sol, a árvore frondosa que estende a sombra amiga. Tudo isso é um detalhe da habitação terrestre que lhe foi concedida pela magnanimidade do Todo-Poderoso, mas aí no mundo nossas almas costumam dormir o sono pernicioso da indiferença para com as bênçãos divinas[3].

Como Neio Lúcio foi feliz na sua definição! Agora acredito que você entendeu melhor a minha pergunta sobre os nossos olhos. Quantas vezes nos levantamos

3. Citação retirada do livro *Obras da fé*, organização de João Marcos Weguelin, 1.ª ed., Belo Horizonte: Editora Vinha de Luz, 2014, p. 43.

da mesa do nosso café da manhã preocupados com o dia de trabalho que se inicia. Limpamos os lábios do resíduo da manteiga ou da pequena casca de pão. Apanhamos apressadamente nossas coisas e nos dirigimos correndo para o carro ou em busca do transporte que nos levará ao destino que nos aguarda. E nessa pressa, não paramos um instante sequer para reparar na flor que desabrochou no jardim da nossa casa falando-nos de Deus. Mas, se uma pequena pedra entrar em nosso calçado incomodando-nos os pés, aí então, sim, paramos para perceber e protestar contra o pequeno obstáculo.

Neio Lúcio fala-nos da brisa que abranda os rigores do sol. Será que percebemos esse efeito em nossa pele?

Mas quando o vento nos despenteia os cabelos ou traz em seu bojo a poeira que suja a nossa residência, então, aí sim, percebemos para reclamar da sujeira e maldizer a ventania.

Lembra-nos ainda o espírito amigo da sombra da árvore. Quem se importa com ela na correria do dia a dia, não é mesmo? Mas, naqueles dias ensolarados em que o asfalto parece derreter sob a sola dos nossos sapatos, bendizemos e observamos a sombra amiga sob a qual poderemos estacionar o nosso veículo.

Parecemos corujas. Sim, porque esse animal só enxerga à noite. A vida da coruja ocorre na escuridão.

Até quando somente enxergaremos os aspectos escuros da nossa vida, se as bênçãos de Deus nos iluminam todos os dias da existência aqui na Terra para que sejamos vencedores?

Chico Xavier no livro *Chico Xavier, Coração do Brasil,* nos ensina o seguinte:

> Meu Deus, a vida é tão bela! Uma folha de qualquer planta vista com os olhos da fé... é uma página tão bela quanto Shakespeare.

Observaram bem? Chico só enxergava com um dos olhos, como sabemos muito bem, mas a sensibilidade daquela alma grandiosa permitia-lhe captar os inúmeros aspectos positivos da vida. Reparava numa folha de planta com toda a sua beleza a ponto de compará-la a uma página do consagrado escritor inglês! E o que fazemos nós com dois olhos normais? Até quando viveremos a enxergar somente os aspectos sombrios da existência? Os aspectos negativos que são a minoria perante a chuva de auxílios que se derramam ininterruptamente do Criador a cada uma da sua criatura?! Até quando viveremos como a coruja que só consegue enxergar à noite? Até quando a escuridão tomará conta de nossos olhos?

Em Mateus, Jesus já nos advertia que nossos olhos podem ser a luz de nosso ser como também podem ser a escuridão da nossa pessoa. Se passarmos a enxergar a luz que em tudo existe, nosso corpo se banhará na luz. Enquanto vivermos mergulhados na escuridão dos aspectos negativos, nosso ser será invadido pelas trevas.

Quando mergulhamos nossos olhos no aparelho de televisão para assistir aos noticiários repletos de pessimismo, nossos olhos estão voltados para as trevas da vida e nosso ser viverá nessa situação.

Quando mergulhamos num mau livro ou em um programa qualquer que não traga nada de construtivo, estamos mergulhando nossos olhos nas trevas da existência e nosso ser viverá nesse ambiente.

Quando só enxergamos o vizinho para criticar o seu modo de ser ou suas atitudes perante a vida, estamos sendo invadidos pela escuridão. Mas quando visitamos esse mesmo vizinho porque a morte se fez presente em seu lar levando um ente querido, estamos abrindo nossos olhos à luz e todo o nosso ser se banhará nela.

Quando no ambiente de trabalho formos portadores da mensagem de otimismo, nossos olhos se fartarão da luz que invadirá nosso ser revigorando nossas forças físicas e mentais. Entretanto, se em nosso local de trabalho passamos a ser o alto-falante do pessimismo, as trevas se abrigarão dentro de nós.

O que preferimos: ver a beleza da flor que desabrocha no jardim de nossa casa ou o espinho que fere as nossas mãos? Ver a beleza de uma simples folha como fazia Chico ou somente enxergar as tragédias que a vida se nos apresenta aos olhos ávidos das más notícias. Como você prefere viver: oculto na escuridão da noite ou mergulhado na luz diamantina das bênçãos de cada dia?

Vamos espantar a coruja que existe em nós e permitir que o rouxinol cante o seu hino de louvor à vida?

A JANELA DA ALMA

DE VEZ EM quando no hospital chega um paciente, adulto ou criança, em cujo ouvido entrou um inseto voador pequeno. O pequeno animal bate na entrada do ouvido e, pelo seu pequeno tamanho, consegue caminhar pelo conduto (canal) auditivo. É por isso que não é recomendável cortar-se os pelos dos ouvidos ou remover a cera naturalmente formada, porque representam uma barreira de proteção contra esses acontecimentos.

É fácil entender que a pessoa vitimada entra em pânico. O inseto, embora pequeno, dentro do ouvido parece um "trem", como diria o bom mineiro, mexendo lá dentro. A pessoa entra em desespero porque fica a imaginar que o "invasor" possa caminhar para dentro da cabeça, o que é impossível de ocorrer devido às barreiras que existem. Se é fácil de entrar, muitas vezes é difícil de retirar esse inseto chegando a exigir, quando os pacientes são crianças, a administração de anestesia geral nos pequenos para a remoção.

Com a janela da alma acontece fato parecido. Devemos sempre manter essa janela aberta para ouvir os apelos de ajuda, de socorro, daqueles que sofrem e que podemos, de alguma maneira, por menor que seja, ajudar.

Infelizmente, para auxiliar o próximo, geralmente a janela da alma permanece insensivelmente fechada.

Quando deveria ser fechada, essa janela se escancara perigosamente. Vamos explicar. Diante de uma ofensa, quando deveríamos não dar entrada a esse perigoso inimigo espiritual, abrimos totalmente a casa mental ao exclamarmos: "Não levo desaforo para casa!".

Como no caso dos pequenos insetos que penetram inadvertidamente no ouvido, se a ofensa é fácil de entrar, é muito difícil de ser retirada. E, às vezes, exige a "anestesia" da reencarnação para que se consiga esse fato. Ao darmos abrigo a uma atitude ofensiva, somos invadidos por vibrações negativas que se espalham nocivamente por todo o nosso organismo físico, após atingir o espírito.

No livro *Deus te abençoe*, Irmão José, pela mediunidade de Baccelli, assim nos ensina sob o título *Provocações*:

> Em verdade, quem te ofende te endereça uma provocação que podes aceitar ou não. Não te consintas envolver por quem pretende induzir-te ao desequilíbrio. Depois que se encoleriza, ninguém consegue prever as consequências de sua instabilidade. Quantas palavras levianas não desencadeiam crimes nefandos! A fogueira que não se alimenta transforma logo em monte de cinzas.

Lemos uma determinada ocasião nos biógrafos de Chico Xavier, um acontecimento interessante com o médium do amor. Chico amava a toda obra do Criador. Não se detinha em amar ao semelhante. Amava toda criatura que fizesse parte da criação e, por consequência, amava também aos animais. É dele o ensinamento de que quem maltrata um animal, ainda não aprendeu a amar. Pois bem, Chico tinha um cachorro que morava em sua casa e que estava muito doente. O animal sujava o interior da casa nos momentos de suas necessidades. Jamais, porém, o médium reclamou desse ser que ele considerava como um irmão mais jovem. Entretanto, alguém julgando que estaria auxiliando ao Chico que chegava altas horas da madrugada em sua casa e tinha que limpar a sujeira do animal, resolveu dar um "jeito" na situação.

Chico sofreu muito com a morte do animal. Quando soube o que realmente tinha acontecido, entristeceu-se com a atitude tomada pela pessoa bem-intencionada, mas que tivera uma infeliz ideia. E aquela tristeza começou a atrapalhar o trabalho de Emmanuel com Chico. O mentor então aconselhou o seu tutelado a descobrir o que a pessoa que tinha dado um "jeito" no animal mais gostava e presentear essa pessoa com o objeto desejado. Chico acabou descobrindo: era uma máquina de costura! Quando foi verificar o preço, onde encontrar dinheiro para comprar o móvel do desejo conforme conselho de Emmanuel? Chico fez as contas sobre o seu ganho apertado e a única solução era comprar a prestações a perder de vista a máquina. Calculou e fez a compra. A pessoa ao receber a máquina de costura foi invadida por uma imensa felicidade! Chico também, pois se sentiu em paz consigo mesmo por promover a alegria da pessoa que havia dado um "jeito" no cachorro.

Chico resolveu o seu problema com uma máquina de costura que lhe custou o "olho da cara".

E se fôssemos nós que nos sentíssemos ofendidos com a morte do cão, já imaginaram o que teríamos que dar para quem nos ofendeu a fim de eliminarmos a mágoa que abrigaríamos? Digamos assim que, talvez, uma nova reencarnação fosse o preço a ser pago!

Se abrigarmos a mágoa com a ofensa que nos atinge, poderemos comprometer toda uma existência para nos livrar do problema ao qual escancaramos a janela da alma.

Se é difícil tirar um pequeno inseto de dentro de um ouvido de uma pessoa, imaginem tirar um inimigo de dentro dos nossos sentimentos!

OS DOIS MAIORES INIMIGOS

GILBERT CESBRON, ESCRITOR francês que viveu no século XX, dizia que o homem tem dois inimigos: o passado e o futuro.

Como podemos entender isso?

O passado poderá ser nosso inimigo se ficarmos puxando de outros tempos as lembranças felizes e que não retornam mais, ou as infelizes que não podemos modificar. Muitas pessoas fixam-se em acontecimentos que a fizeram feliz e trazem esses acontecimentos para o presente inutilmente porque acompanhados por uma dose de amargura, de perda irreversível. Exatamente por esse motivo o que passou consegue estragar nosso momento mais importante que é o dia de hoje, mesmo quando sejam lembranças felizes. Torturam-se por fatos que ficaram para trás no tempo.

O passado também estraga o presente, e muito, quando as lembranças são negativas. Existem aqueles que se fustigam pelos sofrimentos que já se foram. Essa atitude além de não modificar o passado, estraga a possibilidade possível de ser feliz agora. Lembram-se das doenças que, felizmente, já foram vencidas. Lembram-se da época em que tinham dinheiro farto.

Recordam a infância feliz. Do emprego bom que perderam. Evocam os pais bondosos que abençoaram a sua existência, mas que já não estão mais entre nós. Não procuram entender que essas lembranças não podem trazer o que ficou no passado para o presente.

E como o futuro pode ser inimigo do presente se nem aconteceu ainda? Através do pessimismo em relação a esse futuro ou ao excesso de otimismo.

Se a ideia é pessimista, estraga o momento presente através do desânimo. Afinal, para que lutar se o futuro é ruim? De que adianta o esforço do dia de hoje se a possibilidade de vitória é praticamente nula?

Da mesma forma, o excesso de otimismo prejudica o presente porque tira o foco do momento atual. A pessoa torna-se sonhadora e não realiza o que é possível fazer no dia de hoje. Aguardando esse futuro risonho com que ela sonha, perde a conexão com o presente que é a única realidade com que pode contar.

O escritor francês, contudo, não fez referência ao presente. O momento atual é nosso amigo ou inimigo? Depende do que estamos fazendo dele. Depende da semeadura que estamos realizando. Se o utilizarmos para o bem, será, sem dúvida nenhuma, um dos nossos maiores aliados.

Entretanto, se o utilizarmos mal, teremos nele um dos nossos maiores inimigos.

Ensinando sobre o valor do trabalho, assim se manifesta Joanna de Ângelis no livro *Vida: desafios & soluções*, no capítulo *Autodespertamento inadiável*:

> O trabalho se apresenta como o meio próprio para o cometimento, ao lado, é certo, da viagem interior. O trabalho externo é realizado no *tempo horizontal*, nas horas convencionais dedicadas à atividade para aquisição dos recursos de manutenção da existência corporal, no qual se investem as conquistas da inteligência, da razão e da força, a resistência orgânica. Ao lado dele outros surgem, que passam a utilizar-se do *tempo vertical*, que é ilimitado, porque caracterizado como de natureza interna. O trabalho de qualquer natureza, quando enobrecido pelos sentimentos, é o amor em atividade. O *horizontal* mantém o corpo, o *vertical*, sustenta a vida. Pode ser realizado com caráter beneficente, sem remuneração habitual ou mesmo da gratidão, da simpatia, feito com abnegação, em cujo tempo de execução o ser se encontra consigo próprio e desenvolve os valores reais do espírito, compreendendo que servir é meta existencial, e amar é dever de libertação do ego em constante transformação.

Essas orientações de Joanna são muito importantes porque nos norteiam como fazer do presente um grande amigo empregando-o para o bem, tanto no sentido horizontal como no sentido vertical.

Vamos trazer dois exemplos para que fique muito bem entendido: Chico e Divaldo.

Na horizontal, Chico exerceu suas obrigações trabalhistas HONESTAMENTE até a sua aposentadoria. Fizemos questão de enfatizar o honestamente, porque muitos empregados trabalham de forma desonesta, enrolando o serviço ou matando o tempo.

Divaldo procedeu de idêntica maneira: trabalhou

HONESTAMENTE até atingir os anos necessários para se aposentar em paz com a sua consciência.

Os dois realizaram o trabalho no sentido horizontal para providenciar o necessário, sem o supérfluo, para os compromissos que o mundo material exige. E não perderam tempo.

Trabalharam ao mesmo tempo no sentido vertical a que se refere Joanna. Mantiveram-se em contato com os amigos espirituais socorrendo a encarnados e desencarnados, mesmo trabalhando para atender aos compromissos que as obrigações físicas exigiam.

Para esses dois exemplos maiores na doutrina espírita, o tempo presente foi um imenso amigo porque o empregaram para a prática do bem.

Você que me dá a honra de ler essas linhas é capaz de se lembrar de inúmeros exemplos contrários a essa "dupla dinâmica" do espiritismo, não é mesmo?

"Ah! Mas eu não sou o Chico e nem o Divaldo! Não consigo fazer o que eles fazem e fizeram!" – é uma desculpa muito utilizada.

Meu amigo e minha amiga, se você sabe disso, quanto mais Deus e os espíritos superiores? Eles não exigem de você nem um milímetro a mais do que seja capaz na atual existência, mas responderemos pelo milímetro a menos que fizemos tendo podido ter feito mais, disso não tenha dúvida.

E então, se você fosse responder ao escritor francês citado no início, o que você diria do seu presente? Você tem feito dele um grande amigo ou um perigoso inimigo? Corra que ainda está em tempo.

NUNCA ACHE O CHÃO MACIO

SE VOCÊ ESTÁ achando o título um tanto quanto estranho, por favor me dê um tempo pequeno que eu explico.

Quando uma pessoa leva um tombo em público, qual é a reação imediata, caso não tenha quebrado alguma parte do corpo? Levantar-se, não é mesmo? A pessoa fica tão envergonhada que procura reerguer-se o mais rapidamente possível, não se passa assim? Pelo menos, nas ocasiões em que caí ou que vi alguém cair sem se machucar gravemente, a reação foi essa.

Pois bem! Como o espírito não tem nada para ser quebrado, assim que caímos, vamos nos levantar o mais rápido possível para não corrermos o risco de acharmos o chão macio o suficiente e nos acomodarmos na queda, anulando o desejo de nos reerguermos e continuarmos a luta pela nossa reforma íntima.

Irmão José no livro *Deus te abençoe*, psicografia de Baccelli, no capítulo *Entre cair e não cair*, assim nos ensina: "Entre cair e não cair, o mais importante é que te levantes, sempre que não possas evitar a queda."

Entre os inúmeros ensinamentos deixados por Kardec, lembro-me de um em que ele dizia que existiam três tipos de comportamento. Um deles era representado pelas pessoas que sentiam prazer quando visitadas pelos maus pensamentos, pelas más sugestões. Davam guarida a esses "visitantes" perigosos. Nesse grupo podemos considerar que estejam os grandes criminosos, os corruptos, que muitas vezes arquitetam seus planos na dimensão espiritual da existência, enquanto seus corpos físicos dormem. Nesses casos, reúnem-se aos desencarnados nas regiões inferiores onde são incentivados a cometer os mais diversos tipos de crimes.

Depois, existe um outro grupo de pessoas que são visitadas pelos maus pensamentos, pelas más sugestões. Apresentam resistência a esses inimigos, lutam, fecham as janelas da mente, enquanto o assaltante procura entrar e, por vezes, são vencidas no combate. No entanto, detectam o erro e continuam firmes na luta para retornar ao equilíbrio. Podemos considerar que já realizaram o progresso de identificar o deslize e procurar consertá-lo. Caem, mas não acham que o chão esteja macio. Preferem continuar na luta pela reforma íntima.

Já um grupo muito pequeno de encarnados se caracteriza por uma vigilância férrea contra o assalto das más sugestões. Os pensamentos infelizes forçam a porta, a janela, procuram a "chaminé" mental desses heróis, mas encontram sempre a resistência necessária para serem repelidos porque essas pessoas continuam firmes na retidão do caminho a ser percorrido.

Infelizmente ainda são em pequeno número. Chico

Xavier era um deles. Os espíritos inferiores tentaram de todo modo anular o trabalho desse missionário do amor. Não interessava às trevas as revelações que Chico trouxe a toda a humanidade e, por isso, tentaram de todas as maneiras impedi-lo. Mas graças aos enormes sacrifícios e lutas desenvolvidos pelo médium e que não conhecemos de maneira completa, foram derrotados.

Para ilustrar, gostaríamos de lembrar um fato relatado em uma das biografias que lemos abordando a vida de Chico e que descreve o fato de que o médium era perseguido até no momento do seu banho. Espíritos que apresentavam a forma feminina exibiam-se nus dentro do banheiro para tentar o missionário através da arma do sexo. Também não conseguiram. Aliás, a utilização do sexo como um apelo ao desequilíbrio é encontrada em diversos programas de televisão que exibem moças bonitas e, de preferência, com vestimenta "econômica", em "inocentes" propagandas que seguem a mesma linha na invasão mental das pessoas, utilizando-se de mulheres que possuem o chamado *sex appeal* - apelo sexual intenso sobre o sexo oposto - e revistas com conteúdo desse gênero e que buscam o mesmo objetivo.

Esse grupo de encarnados que não são vencidos pelas tentativas de assalto mental da sua integridade moral e consequente queda, ainda são raros em nosso planeta, infelizmente.

Na mesma referência realizada anteriormente sobre o livro *Deus te abençoe,* Irmão José nos recomenda que não devemos nos deter na marcha além dos minutos que sejam indispensáveis à restauração das energias, após o inevitável tropeço que nos arremessa ao chão.

Uma pessoa que sofra uma queda sem gravidade no mundo dos encarnados, arruma a roupa, "sacode a poeira" e prossegue em direção ao seu objetivo. Não permanece no local da queda. É o alerta de não pararmos para achar que o chão está mais macio do que as lutas que temos que desenvolver para permanecermos firmes em nosso progresso espiritual.

Por isso dissemos no título deste capítulo que nunca devemos achar o chão mais macio e agradável do que a luta em que estávamos. O chão convidativo a que nele permaneçamos são os caminhos largos da existência. Vamos estar sempre vigilantes para percebermos que, em realidade, por mais fofo que seja o local onde caímos, é preferível "os campos de batalha" dentro de nós mesmos, onde guerreamos com os nossos piores inimigos que são as nossas imperfeições. Nesse local obteremos grandes vitórias se continuarmos em companhia de Jesus. É sempre melhor o caminho pedregoso e empoeirado do que a armadilha de um chão macio. Vamos levantar e prosseguir?

QUANDO NÃO TIVER COMO AUXILIAR

COMO É FÁCIL desfilar desculpas para não auxiliar!

"Não tenho recursos financeiros!" - como se fosse pedido à pessoa uma grande soma em dinheiro para que ela pudesse realizar o bem. Se assim fosse necessário, o que Jesus teria feito tendo nascido numa estrebaria e trabalhado com o pai carpinteiro?

"Não me sobra tempo porque trabalho muito!" - como se tivéssemos reencarnado para sermos tragados pelo serviço do mundo material. Se esse serviço que nos absorve tanto não desse lucro imediato, será que nos envolveríamos na mesma intensidade? Chico e Divaldo também trabalharam até a aposentadoria e nem por isso deixaram a imensa obra de caridade esquecida.

"Minha saúde é precária!" - podemos deduzir que apenas os atletas seriam capazes de trabalhar na obra do bem? Chico não teve problemas graves de saúde durante a sua vida e não atendeu aos necessitados, mesmo tendo que ser carregado por braços alheios?

"Vivo preso em um leito de dor com problemas físicos muito graves!" - e Jerônimo Mendonça que era carregado numa maca improvisada e transportado em uma Kombi sem conforto, deixou de trabalhar na divulgação e exemplificação do Evangelho? Era paralítico, cego, tinha dores cardíacas terríveis e realizava palestras pelo Brasil afora sempre sorrindo e cantando.

Quando tivermos todos os motivos do mundo para chorar, mas mesmo assim conseguirmos sorrir, estaremos praticando a caridade de um sorriso!

Vantagens em sorrir: alivia o *stress*; melhora o sistema imunológico; melhora o seu humor; aproxima as pessoas; estimula o otimismo afugentando o pessimismo; usa apenas cerca de 17 músculos da face enquanto franzir as sobrancelhas exigem cerca de mais de 40 músculos!

Sorrir é só lucro! E como gostamos de lucrar, vamos sorrir!

Embora em muitas ocasiões o Chico tivesse motivos de sobra para chorar, ele sorria sempre. Procure observar quando assistir algum vídeo dele que o sorriso está sempre presente. Ele ensinava que o espírita devia lavar o rosto quando estivesse chorando e comparecer em público sorrindo, porque as lágrimas são nossas, mas o sorriso é dos outros.

Todos nós retornaremos para a dimensão espiritual da vida. Por mais que fujamos dessa realidade, ela um dia chegará e teremos que partir. O que teremos a apresentar em nosso favor à nossa consciência ao despertarmos no mundo dos espíritos? Seremos obrigados a abrir e a examinar a nossa "mala" de obras ao aportarmos na outra realidade. O que teremos dentro para que possamos sorrir e não chorar?

Se você está despreocupado porque espírito não tem músculos na face, não se esqueça de que ele, o espírito desencarnado, continua a ter uma coisa que dá muito mais trabalho e causa dor: sua consciência!

Você acha que as desculpas rotineiras utilizadas no mundo dos encarnados – "não tenho dinheiro, não tenho tempo, não tenho saúde, a família exige a minha presença, preciso cuidar da minha casa, meus filhos tomam todo o meu tempo, meu marido requer a minha presença, preciso trabalhar..." – serão aceitas em cem por cento na outra dimensão da vida? É evidente que os motivos apresentados precisam ser atendidos e respeitados, mas eles não podem anular o maior objetivo da reencarnação que é o de realizarmos algum crescimento espiritual enquanto na Terra. E como conseguir isso sem o trabalho devido? Aquela cota de trabalho mínima que seja e que todos podem e devem doar em favor de si mesmo.

Quantas pessoas fazem uma poupança com um pouco de dinheiro economizado com muito sacrifício todos os meses para algum dia terem uma quantia maior na hora da necessidade? Esse dinheiro, entretanto, é exatamente aquele que as traças corroem e os ladrões nos roubam. Esse dinheiro é aquele que não atravessa a barreira do túmulo, mas mesmo assim, não desistimos desse tipo de poupança.

Enquanto isso, os valores que nos seguirão para além da morte do corpo, a esses desfiamos desculpas sem fim para não os ajuntar. Que maus poupadores e investidores que somos! Não conseguimos depositar um sorriso ao menos por dia no "cofre" da existência!

Ensina um ditado muito conhecido que quando nascemos todos sorriam, apenas nós chorávamos. Vivamos de tal forma - continua esse mesmo ditado - que quando morrermos, todos chorem, apenas nós estejamos sorrindo.

Você prefere sorrir ou chorar no dia da sua despedida? Você prefere chegar ao mundo espiritual sorrindo ou chorando? Então, vamos praticar essa forma de caridade que é o sorriso! O seu rosto agradece. O seu humor agradece. A sua imunidade agradece. O seu corpo material agradece. O seu *stress* se aborrece e vai embora. A sua saúde melhora. E os mais de quarenta músculos que são utilizados para cerrar as sobrancelhas permanecerão em paz e você também.

COMO VAI A SUA PACIÊNCIA?

COMO VAI A sua paciência? Vamos fazer um teste? Então, preste atenção a algumas questões abaixo, dando uma nota de zero a dez de acordo com as suas reações. Lembre-se, os espíritos superiores sabem se a nota é verdadeira ou não.

Antes, porém, vamos ver o que *O Evangelho segundo o Espiritismo* nos ensina sobre a paciência que, segundo Joanna de Ângelis, é a ciência da paz.

> Sede pacientes; a paciência é também uma caridade e deveis praticar a lei da caridade ensinada pelo Cristo, enviado de Deus. A caridade que consiste na esmola dada aos pobres, é a mais fácil das caridades; mas há uma bem mais penosa e, consequentemente, mais meritória: *perdoar àqueles que Deus colocou sobre nosso caminho para serem os instrumentos dos nossos sofrimentos e colocar a nossa paciência à prova.*
>
> **(Um espírito amigo, Havre, 1862.)**

Depois desse trecho você está disposto a continuar no teste? Então, vamos testar a nossa paciência.

1) Como você fica por dentro quando tem que enfrentar uma longa fila e que exija, por consequência, um tempo demorado?
2) Como você se sente por dentro quando é tratado com descaso em uma repartição qualquer?
3) No trânsito, como você age e reage quando vê os seus direitos desrespeitados por um outro motorista irresponsável?
4) Quando o telefone toca várias vezes em seguida, como fica o seu humor?
5) Se o vizinho coloca lixo em frente à sua casa para que você faça o que ele deveria ter feito, o que transita pelo seu pensamento?
6) Quando alguém altera a voz com você, como fica a sua voz?

É claro que poderíamos ir formulando outras questões que ocorrem no cotidiano, mas essas já poderão nos fornecer uma nota de como vai a nossa paciência. Confesso para você que a minha nota é próxima de zero, porque os espíritos superiores sabem disso e não adianta eu tentar esconder de ninguém.

Mas qual o grande problema desses momentos de impaciência? São pelo menos dois. O primeiro é que nos desequilibramos e abrimos a nossa porta mental para que entidades desejosas de nos induzir ao erro se acoplem a nós, aprofundando a sua influência negativa. O segundo problema é que despejamos em nossa corrente sanguínea, nessas ocasiões, substâncias que vão agredir o nosso corpo, encurtando o tempo que teríamos na atual reencarnação.

Lembro-me de uma passagem que li em uma das biografias de Chico Xavier que o médium estava em um cômodo de uma casa junto com um companheiro de trabalho que não é mais espírita, e que não declinamos o nome em sinal de respeito ao mesmo. Ambos escreviam em uma máquina. Um inocente besouro resolveu pousar no instrumento de trabalho do companheiro de Chico e foi atirado longe. O animal repetiu o comportamento mais algumas vezes e recebeu o mesmo tratamento. No momento seguinte o besouro pousou na máquina de Chico. Ele, pacientemente, apanhou o pequeno inseto, abriu a janela e o colocou livre na natureza. Qual comportamento você teria? Se fosse eu no lugar do amigo de Chico, creio que teria atirado a máquina longe ao invés do inseto. Mentir para que, se os espíritos superiores sabem muito bem quem somos?

No livro *Jesus e o Evangelho*, no capítulo sobre a paciência, assim se pronuncia Joanna de Ângelis pela psicografia de Divaldo: "A paciência encoraja o ser, porque o ajuda a enfrentar quaisquer situações, tomado pela ciência da paz."

Você sabe onde esse conselho mais faz falta? É lógico que em qualquer lugar e condições a paz é sempre bem-vinda, mas dentro do lar é um local onde ela não pode se fazer ausente. Quantos problemas não surgem quando falta a paz no diálogo entre o marido e a mulher? Quantos desencontros não se estabelecem quando a paz se ausenta entre pais e filhos?

Lembrando que o lar é a nossa mais próxima e importante oficina de trabalho, porque aí se encontram nossos maiores credores, a ciência da paz precisa ser cultivada e praticada. Mas você pode estar pensando: "Como é difícil dentro do lar a vivência da paz! Entendo-me melhor com estranhos!" É porque no estranho não temos aquele credor que vem nos cobrar.

Somos ótimos cobradores, mas péssimos pagadores. Por isso no lar torna-se difícil a ciência da paz. Na dificuldade, porém, encontra-se o caminho estreito do qual nos falou Jesus. Estamos dentro do lar não para suportar o outro, mas para aprender a amá-lo! É complicada essa posição? Mas fomos nós que a criamos ao contrair o débito naquele momento da má escolha em que fizemos o mal quando deveríamos ter feito o bem.

Por isso a paciência, que é a ciência da paz, precisa ser cultivada para que tenhamos um planeta melhor. Em um momento de cólera podemos plantar no solo da existência colheitas de espinhos que irão nos ferir mais cedo ou mais tarde.

Mas se você está tendo paciência em ler este livro, você já deu início a sua ciência da paz. Basta estendê-la, aos poucos, para outros locais da sua alma boa.

Muita paz e muita paciência para continuar na leitura!

A NOSSA CONTABILIDADE

COMO SERÁ QUE vai a nossa contabilidade? Não aquela referente às muitas contas que temos que fazer no dia a dia, no transcorrer dos meses e anos para o pagamento das diversas despesas que a vida material nos cobra. Imposto daqui, imposto dali, seguros variados, taxa disso, taxa daquilo etc.

Não, estamos falando da contabilidade da vida do espírito imortal. Por exemplo, na sua vida você tem feito alguma das queixas abaixo:

- não tenho a profissão que desejava;
- não consegui estudar como gostaria;
- minha esposa não é a mulher que idealizei;
- meu marido não é o príncipe encantado com quem sonhei;
- meus filhos dão um trabalho que não esperava;
- minha família não possui a harmonia com que eu sonhava;
- os outros progridem na vida muito mais do que eu;

- vivo cercado de problemas que não vejo na casa do meu vizinho;
- por mais que economize não consigo realizar os meus sonhos;
- não tenho a vida como sonhava.

Na sua contabilidade, ao menos uma única vez, já surgiu alguma "conta" desse tipo? O que estaria acontecendo então? Estaria Deus errando nos endereços dos problemas que nos atingem?

Vejamos o que diz *O Evangelho segundo o Espiritismo*, capítulo V, item 6:

> Entretanto, em virtude do axioma de que *todo efeito tem uma causa*, essas misérias são efeitos que devem ter uma causa e, desde que se admita um Deus justo, essa causa deve ser justa. Ora, a causa precedendo sempre o efeito, uma vez que não está na vida atual, deve ser anterior a ela, quer dizer, pertencer a uma existência precedente. Por outro lado, Deus não podendo punir pelo bem que se fez, nem pelo mal que não se fez, se somos punidos, é porque fizemos o mal; se não fizemos o mal nesta vida, o fizemos numa outra. É uma alternativa da qual é impossível escapar, e na qual a lógica diz de que lado está a justiça de Deus.

Com essas colocações, a sua contabilidade parece ter entrado mais no "eixo" ou ainda restam dúvidas?

Vejamos um raciocínio mais terra a terra. Se formos a um banco qualquer aqui no mundo dos homens sacar uma quantia que não temos depositada, o banco efetuará o pagamento indevido? Você sabe a resposta tão bem quanto eu, não é mesmo?

Então, meu amigo e minha amiga, se a sua contabilidade espiritual não está batendo corretamente, consulte o "contador" da sua consciência porque, como está bem claro no texto do Evangelho, todo efeito tem uma causa.

Se você hoje não tem a profissão que desejava, com certeza tem a profissão de que necessita. Ou é assim, ou Deus estaria errando em seu caso. Qual explicação você acha mais correta?

Se você não conseguiu estudar como gostaria, é justo indagar o que deve ter feito com o conhecimento adquirido em outras existências.

Se a sua esposa ou o seu marido atual não são as companhias que idealizou, sabe lá o que você fez dele ou dela no passado.

Seus filhos dão um trabalho que não esperava! O que será que aconteceu entre você e eles em existências anteriores para que retornassem juntos a você na atual?

A sua família não é a ideal no seu ponto de vista? Mas vocês foram reunidos para que transformem a parentela física na parentela espiritual que poderão se reencontrar em futuro próximo. É um investimento que compensa.

Os outros progridem na vida mais que você? A que tipo de progresso você se refere: ao do Chico ou a um dos muitos milionários que passam pelo mundo e tudo aqui deixam com o fenômeno da morte?

Na casa do seu vizinho não tem problemas como na sua porque eles realmente não existem ou porque você não mora debaixo do telhado alheio?

Se suas economias não permitem que você realize seus sonhos de ordem material, que tal ser mão aberta com os recursos que você possui em sua alma destinada à perfeição?

Você não veio reencarnar para ter a vida que desejava, mas sim para ter a vida que você necessitava e realizar o seu aprimoramento moral e espiritual.

Em síntese: se a "conta" da sua vida espiritual não está batendo é porque a colheita corresponde a uma semeadura que não foi boa. Todo efeito tem uma causa. Ou é assim, ou ficamos com a hipótese de Deus ter errado em relação à nossa pessoa. Essa última possibilidade "bate" na conta da sua consciência?

DEUS SABE?

SE UM FILHO seu ou um grande amigo estivesse em situação aflitiva e implorasse por socorro, você o atenderia? Deus mais ainda em relação aos Seus filhos.

Se esse seu filho ou grande amigo necessitasse de remédios dolorosos para ser curado ou retirado da situação difícil em que se encontra pedindo socorro, você administraria essas medicações a ele? Deus também medica e com precisão infinita que jamais teremos.

Se esse seu filho ou amigo do coração suplicasse a suspensão do tratamento e você soubesse que ele retornaria à situação do início em que pediu o seu socorro, você o atenderia sob o risco de mergulhá-lo novamente em direção ao sofrimento em que se encontrava? Deus também não e com infinitas razões que nós jamais poderemos alcançar.

Antes de reencarnarmos em um planeta de provas e expiações como espíritos ainda muito imperfeitos, qual você julga que seria nossa situação no mundo espiritual diante da consciência em culpa a cobrar a reparação dos erros livremente cometidos? De bem-estar ou de intenso sofrimento?

É nessa situação em que se encontra a maioria dos espíritos que gravitam em torno do planeta Terra quando desencarnados e pedindo uma nova oportunidade de reparar o mal praticado. E Deus atende através da bênção da reencarnação. Mas, então, o que ocorre quando mergulhados no esquecimento temporário de um novo corpo? Esquecemos a situação anterior e passamos a desfiar uma série de lamentações e, até mesmo, de revolta contra a Providência Divina. "Ó vida insuportável!". "Onde está Deus que se esqueceu de mim?!". "Por que comigo nada dá certo e com os outros tudo vai muito bem?". "O que fiz para Deus que me esqueceu?!". "Quem será que eu fui ou o que fiz para merecer essa vida de sofrimentos?!". "Será que Deus nunca vai se lembrar de mim?".

Tenho a certeza de que você pode acrescentar muitas outras frases que já ouviu ou já disse nos momentos de ajuste de contas aqui na Terra.

Vejamos, então, o que nos ensina Emmanuel para o nosso esclarecimento no livro *Obras da fé*:

> Antes da reencarnação, roga o espírito as lições e tarefas que julga indispensáveis à própria habilitação para a vida eterna. Dores, aflições, sacrifícios e dificuldades são categorizados, então, por bênçãos que lhe compete aproveitar em favor de si mesmo. Entretanto, vestindo a carne, olvida as promessas feitas e abomina o trabalho e a luta, desprezando os recursos capazes de sustentar-lhe a ascensão. Compreendendo, pois, que a existência na Terra é simples estágio

> da criatura em acanhado setor da vida, recebe a provação que o mundo te oferece por senda verdadeira.

Será que o esclarecido espírito Emmanuel conseguiu clarear o caminho de maneira definitiva? Acredito que sim, sem dúvida alguma.

Mas o que acontece então nesses momentos de sofrimentos maiores onde estamos sendo submetidos a provas para crescermos espiritualmente? Exatamente nessa hora quando deveríamos ter a mais absoluta certeza de que Deus está conosco, raciocinamos ao contrário: Deus me esqueceu! A mãe ou o pai esquece o filho quando está doente e mais necessitando está de socorro? Por que então, Deus, o Pai perfeito, o faria? É Deus que nos esquece nessas horas ou somos nós que nos esquecemos d'Ele? Que duvidamos d'Ele?

No livro *Deus te abençoe*, psicografia de Baccelli, Irmão José assim se expressa:

> Em tudo quanto és aquinhoado na Terra, é mais fácil que estejas recebendo mais do que menos, a não ser nas dores que faceias, minimizadas ao extremo. Deus nunca andará em débito contigo, como andas com Ele e com os teus semelhantes.

Que frase magnífica! "Deus nunca andará em débito contigo, como andas com Ele e com os teus semelhantes."

O "judiciário" Divino nunca está em erro ou fechado para férias. Sempre ativo ele promove as situações que funcionam como o remédio doloroso, mas necessário para o nosso pronto restabelecimento diante da própria consciência.

Em sendo assim Deus sempre sabe do que necessitamos como espíritos imortais antes mesmo de pedirmos. O grande problema é que raramente pedimos como espíritos destinados à imortalidade e à perfeição, mas sim como seres humanos que caminham, mais cedo ou mais tarde, para o findar do veículo físico. Por não entendermos e vivermos essa situação, estamos sempre a pedir aquilo que atenda ao homem físico e desatenda na maioria das vezes os interesses do espírito imortal. Depois das explicações dos espíritos amigos que trouxemos para a nossa meditação e esclarecimento, Deus sabe ou não sabe do que necessitamos em cada momento da nossa vida?

O problema maior é que nós, mergulhados em um novo uniforme na escola da Terra, só gostamos do recreio, como os alunos dos primeiros anos que brincam e consomem as suas guloseimas nos intervalos de suas aulas.

Entretanto, como é mais fácil acusarmos a Providência Divina, desfiamos uma série de irrefletidas e falsas queixas contra o Criador. Mas que Ele sabe exatamente o que cada criatura de Sua criação necessita para atingir a perfeição, em nosso íntimo sabemos que sim. E se Ele sabe não precisamos pedir. O que realmente necessitamos urgentemente é aprender a aceitar a vontade d'Ele, confiando no mesmo Pai a quem Jesus se entregou no momento crucial que vivenciou no alto da cruz por amor a todos nós que até hoje não sabemos o que fazemos, mas que já está passando da hora de aprendermos.

Isso também Deus sabe!

VÍCIOS

SÃO TANTOS QUE fica até difícil por onde começar o assunto. Talvez você que me lê conheça até mesmo mais do que eu os vícios que invadem a integridade moral de uma pessoa. Vício da bebida, do cigarro, das drogas ilícitas, do jogo, de falar mal dos outros, de mentir, de enganar, de dizer palavrões, de blasfemar, de levar vantagem sempre, de comer além do necessário, do sexo etc. São muitos, sem nenhuma dúvida. Entretanto, nos deteremos em alguns mais graves para traçarmos uma linha geral de combate para o espírito imortal contra esses males que rodeiam o ser encarnado, e que se não forem extintos durante o trânsito na Terra, serão transferidos para a nossa residência espiritual.

Em relação às drogas ilícitas, as mulheres gestantes que continuam a consumi-las, envenenam o próprio filho dentro do útero. Os tóxicos atravessam a placenta e adentram o corpinho da criança em formação. Como a capacidade de destruir essas substâncias está diminuída nessas crianças, as drogas circulam por mais tempo no organismo delas. Quando a mãe consome as drogas até próximo ao parto, o recém-nascido pode apresentar a chamada crise de abstinência logo ao nascer, quando então o coração dessas infelizes criaturinhas dispara as suas batidas, têm desconforto respiratório grave, vômitos e reflexo de sucção ao mamar descontrolados.

O número de usuários de *crack* passou de 200.000 para 2,5 milhões em apenas quinze anos! Além desse aspecto físico do problema, o número de crianças abandonadas ao nascer, pelas mães toxicômanas, vem aumentando, dando origem a órfãos de mães vivas.

Isso sem adentrarmos nas doenças sexualmente transmissíveis como a sífilis e a AIDS que essas jovens, desprotegidas nas relações sexuais, têm contraído de forma crescente.

Em relação ao cigarro, que é considerado uma droga lícita apesar de todos os alertas que se tem feito sobre os inúmeros males que ele causa, o problema também é lamentável. Fumantes que desencarnam vítimas de várias doenças causadas pelo fumo, quando não lesam também aqueles que com eles convivem, pela fumaça que sai do pulmão do fumante com substâncias ainda mais nocivas para as pessoas que o rodeiam. Câncer de boca, de esôfago, de rim, de bexiga, de pulmão, são algumas doenças com relação comprovada ao uso do cigarro.

A doutrina espírita nos permite lembrar que esse mecanismo de desencarnação é considerado, aos olhos do mundo espiritual, como um suicídio indireto.

E a bebida alcoólica também considerada uma droga lícita apesar de tantos problemas causados por ela?

Quantos acidentes de trânsito não ceifam vidas preciosas ainda no início da existência, por motoristas que dirigem sob o efeito do álcool? Quantos maridos não espancam suas esposas e filhos porque chegam embriagados em casa? Quantos crimes não são cometidos sob o efeito do álcool? Quanta juventude mal encaminhada pelo uso excessivo de bebida? E ainda tem pai que passa a chupeta do filho no copo de cerveja e coloca na boca da criança como se tivesse uma atitude de herói! Quantas doenças causadas pelo abuso da bebida como câncer de esôfago, de laringe, a cirrose hepática, e tantas outras?

Vale considerar sob o ponto de vista da doutrina espírita que essas pessoas também estão realizando o suicídio indireto pelo qual responderão em seu retorno ao mundo espiritual.

Sabemos pelos ensinamentos espíritas que não somos um espírito que ocupa um corpo de forma isolada como se não tivesse relação um com o outro. O espírito está ligado ao veículo material através do perispírito que é atingido pelos desequilíbrios que permitimos envolver o nosso veículo material.

O corpo morre quando a morte chega, mas o perispírito continua a viver como o novo corpo do espírito imortal, de tal maneira que transportamos para a vida que não acaba as mazelas que atingiram o corpo físico e também o perispírito, já que eles estabelecem sim contato íntimo. E aí a coisa se complica e muito. Despertamos para a vida imortal impregnados pelos vícios dos quais não nos livramos enquanto estagiamos na escola da Terra.

Existe um ditado popular que afirma que "morta a cobra, morto está o veneno". Se para o animal isso é uma verdade, para o espírito tal ditado não é aplicável. Morto o corpo, o veneno que o contaminou através dos vícios não eliminados fixou-se também no perispírito, roubando a paz do ser imortal que já não possui mais o corpo material.

No livro *Obras da fé* o espírito que se identifica como Helena Maia, assim revela em sua comunicação: "Aqui, minha boa Maria, ainda necessitamos de alimentos e de muitas outras coisas que caracterizavam aí no mundo a nossa humana natureza."

Como a doutrina espírita explica muito bem, não há milagres. A vida não dá saltos. O planeta que habitamos é de provas e expiações e os espíritos nele reencarnados, salvo algumas exceções, não irão após a desencarnação para regiões muito diferentes da que habitamos enquanto no corpo. Isso significa dizer que a nossa vida do outro lado, na outra dimensão, não diferirá muito da atual. Os vícios não combatidos enquanto no corpo serão transportados pelo perispírito atingido por eles e nos incomodarão na esfera espiritual a cobrar a satisfação deles.

O espírita não conta com a ilusão de que o corpo é fraco, mas o espírito é forte como se através da morte se transformasse num anjo de perfeição.

Chico Xavier no livro *Lições de sabedoria* da doutora Marlene Rossi Severino Nobre, Editora FE, 1996, ensina que os fumantes sentem a falta do tabaco como se encarnados ainda estivessem. Vejamos:

> O problema de dependência continua até que a

> impregnação dos agentes tóxicos nos tecidos sutis do corpo espiritual ceda lugar à normalidade do envoltório perispirítico, o que, na maioria das vezes tem duração do tempo correspondente ao tempo em que o hábito perdurou na existência física do fumante.

Já imaginaram se Emmanuel, André Luiz ou algum desses expoentes espirituais chegasse perto de nós e cheirássemos a cigarro? Ou a bebida alcoólica? Ou apresentássemos crise de abstinência por falta de droga ilícita?

"Ah!" - se defenderão muitos - "É tão difícil vencer um vício!". Será? Vejamos o que nos ensina *O Livro dos Espíritos* na questão de número 909:

> O homem poderia sempre vencer suas más tendências pelos seus esforços?
>
> Resposta: Sim, e, algumas vezes, por fracos esforços. É a vontade que lhe falta. Ah! quão poucos dentre vós fazem esforços!

E tem mais na questão de número 910 do mesmo livro:

> Se ele ora a Deus e ao seu bom gênio com sinceridade, os bons espíritos virão certamente em sua ajuda, porque é a sua missão.

E agora, meu amigo e minha amiga? Complicou, não é? Transportar vícios para o outro lado rouba a paz. Então vamos fazer uma proposta a nossa consciência a partir desse momento? Vamos parar com o velho vício de nos enganarmos acreditando que conseguiremos burlar as Leis de Deus?

AFINAL, O QUE É A DOENÇA?

VOCÊ QUER SE ver livre de todas as doenças? Mas de todas elas realmente? A cura já existe e nos foi apresentada há mais de dois mil anos! E ainda continuamos a adoecer fisicamente porque recusamos as medicações do Médico Divino. Sim, ele apresentou-nos a cura definitiva, mas ainda batalhamos, em vão, pela cura de um corpo físico que ocupamos por um espaço de tempo tão pequeno!

Mas afinal, o que é a doença? Não falamos aqui de uma unha encravada, de um furúnculo, de um simples resfriado, mas de uma doença séria que nos marca a existência e nos rouba a paz. Como será que ela surge? Os espíritos superiores são unânimes em seus pontos de vista, mas utilizaremos uma pequena frase de Joanna de Ângelis no livro *Jesus e atualidade*, psicografia de Divaldo, que sintetiza todas as outras opiniões: "A doença não é mais do que um sintoma de desarranjo do espírito, em realidade o portador da mesma."

Que definição completa da mentora! Aliás, endossada pelo próprio Jesus quando ele orientava às pessoas a quem curava a ir e não pecar mais para que não sucedesse o pior!

No livro *Amor e sabedoria de Emmanuel*, psicografia de Chico Xavier, assim se manifesta o mentor:

> É muito importante combater as moléstias do corpo; mas, ninguém conseguirá eliminar efeitos, quando as causas permanecem. Usa os remédios humanos, porém, inclina-te para Jesus e renova-te, espiritualmente, nas lições de seu amor. Recorda que Lázaro, não obstante voltar do sepulcro, em sua carne, pela poderosa influência do Cristo, teve de entregar seu corpo ao túmulo, mais tarde.

O doente sempre é o espírito imortal. O corpo apenas reflete o "inquilino" espiritual que nele habita por um determinado tempo. Por exemplo, é como se uma casa refletisse a higiene de seus moradores pela limpeza ou sujeira que ela apresenta. O corpo reflete a limpeza ou a sujeira do seu morador. Entretanto, reafirmo: o doente é sempre o espírito.

Uma determinada ocasião quando eu apresentava essa visão dos espíritos superiores, uma pessoa fez a seguinte colocação: mas se a pessoa fuma ou bebe até adquirir um enfisema ou câncer de pulmão ou uma cirrose, o espírito é que está doente e não o corpo que apresenta essas enfermidades? Sim e sempre. Quem tem vontade de fumar ou de beber é o espírito! O corpo não passa de um mero instrumento que cumpre as ordens do seu "inquilino". O braço e a mão levantam o copo ou seguram o cigarro, mas quem dá as ordens é o espírito que se permite a esses desequilíbrios. Quem tem vontade de comer as "deliciosas" churrascadas regadas a cerveja? É o corpo ou o espírito que o utiliza como instrumento? Se você acha que é o corpo, relembre as obras de André Luiz quando ele nos informa que os espíritos menos evoluídos sentem fome e sede no mundo espiritual após a desencarnação. Se fosse o corpo o culpado pela gula, morrendo o veículo físico a gula desapareceria.

É, meu amigo e minha amiga, não tem jeito de achar uma brecha nas Leis absolutamente perfeitas da Providência Divina que dá a cada um segundo as suas obras sem nenhuma falha.

Mas retornemos ao tema central: o que é a doença? Joanna já definiu para nós, mas vamos esmiuçar mais a questão.

Toda vez que um espírito viola as leis de amor que preenchem o Universo, por mais amplo e longínquo que ele seja, registra imediatamente a falta cometida na consciência. Esse registro causa incômodo à consciência que não entrará na posse da paz e da felicidade, finalidade para a qual Deus nos criou um dia. Esse registro infeliz funciona como aquela pedrinha que entra em nosso sapato e que nos incomoda enquanto não a retiramos de dentro do calçado. O registro da falta cometida precisa ser retirado do ser espiritual. Desse modo, a Providência Divina nos enseja uma nova reencarnação para retirarmos a "pedrinha" de nosso sapato. E onde fica essa "pedra" incômoda? E a quem ela incomoda? Ao espírito imortal. E para onde essa "pedra" precisa ser enviada para ser retirada? Para a "vitrine" do novo corpo material que recebemos por bondade de Deus. O coitado do corpo não tem nada com isso, mas ele funciona como a válvula de escape para retirar a "pedra de nosso sapato".

Emmanuel através da psicografia de Chico Xavier no livro *Emmanuel* assim se manifesta:

> A saúde humana nunca será o produto de comprimidos, de anestésicos, de soros, de alimentação artificialíssima. O homem terá de voltar os olhos para a terapêutica natural, que reside em si mesmo, na sua personalidade e no seu meio ambiente.

Quando vamos reencarnar, os espíritos encarregados de nosso projeto para a nossa nova "residência" na vida material estudam as nossas necessidades e como que instalam no óvulo da mulher que vai ser nossa futura mãe, uma espécie de sinalizador. Esse sinalizador seria como uma estação de rádio ou de televisão emitindo uma onda eletromagnética com a finalidade de ser encontrada pelo espermatozoide de nosso futuro pai e que carrega nele, espermatozoide, o material necessário para a confecção exata do novo corpo de que necessitamos.

Vejam só que maravilha de projeto! Entre milhões de espermatozoides, apenas um fecunda o óvulo. E esse espermatozoide foi como que teleguiado pela onda emitida por esse óvulo para que chegasse primeiro, antes que qualquer outro dentre os milhões existentes, porque somente ele traz o material adequado ao nosso novo corpo.

Feito isso, o terreno para as enfermidades ou enfermidade de que tivermos necessidade está preparado para receber os desequilíbrios registrados em nosso perispírito na ocasião em que violamos livremente as leis de amor. Ou seja, a enfermidade grave vem de dentro para fora e não o contrário. O ponto de vibração negativa em nosso perispírito será drenado através dela para que a cura espiritual se realize.

Por isso, voltamos a lembrar, Jesus aconselhava a não pecar mais aos pecadores curados por ele. Como somos doentes, espiritualmente falando, ainda sofreremos a visita de muitas enfermidades que representam a "pedra no sapato" que precisa ser retirada.

Agora já entendemos plenamente a colocação de Joanna quando ela afirma que a doença é um desarranjo do ser espiritual, ele sim o verdadeiro doente. Essa era a cura oferecida por Jesus e que os homens daquela época, como os de hoje, ainda não entenderam. Ficamos desesperados para curar o corpo que caminha, mais dia, menos dia, para a morte.

A reencarnação nos foi proporcionada para curarmos o espírito ao adquirirmos virtudes e eliminarmos defeitos. Precisamos da cura espiritual para não vermos o corpo invadido por doenças. De nada adianta curarmos o veículo físico e continuarmos a cometer erros. Estaremos semeando novas enfermidades para essa ou futuras reencarnações.

Você poderá perguntar inteligentemente: mas o espírito não pode pedir doenças que o impeçam de cair em novos erros? Sim. Nasce, por exemplo, em um corpo portador de asma e de enfisema para que não retorne ao vício do cigarro. Nasce com um fígado doente para que não recaia no vício do alcoolismo.

Nesses casos, a doença funciona como um alerta, como um freio contra novos deslizes. Entretanto, você há de convir que se necessitamos desse freio, desses alertas, é porque ainda não estamos curados totalmente espiritualmente. Ainda corremos o risco de fraquejar e contrair novos débitos, o que nos conduz ao ponto inicial: é o espírito quem está enfermo.

Jesus teve um corpo absolutamente intocável em sua saúde exatamente porque não tinha nem uma mínima "pedrinha" para ser retirada de dentro do sapato.

Controlamos a alimentação, frequentamos uma academia esportiva, fazemos exames periódicos que a medicina recomenda, não fumamos, não bebemos, repousamos adequadamente. Tudo isso é muito válido, sem nenhuma dúvida. Mas como estamos por dentro? Tendo momentos de explosão, de nervoso, de cólera contra alguém? E como está a nossa língua? Falando sobre os pontos positivos dos semelhantes ou passando a fofoca adiante? O que têm observado os nossos olhos? As pessoas necessitadas de auxílio ou o defeito dos outros? Para que temos os nossos ouvidos abertos? Para escutar a súplica de alguém e socorrer ou para ouvir a maledicência e passá-la adiante? Para onde têm nos levado as nossas pernas perfeitas? Para os locais onde existem os infelizes que podemos ajudar ou à procura de situações comprometedoras, moralmente falando? O que têm feito nossas mãos? Empunhado um prato de comida, uma medicação, um agasalho, um par de sapatos usados para dá-los aos que nada têm, ou temos usado as mãos perfeitas para prejudicar alguém? Dependendo do que estivermos fazendo, estaremos semeando saúde ou doença na nossa estrada evolutiva.

É o que nos ensina André Luiz no livro *O Espírito da Verdade*, psicografia de Chico Xavier: "Cada dia é novo ensejo para adquirirmos enfermidade ou curar nossos males.", dependendo de como estamos utilizando a oportunidade da reencarnação.

Não sei se você entendeu o que é a doença, mas desejo que tenha compreendido o que precisa ser feito para evitá-la, lembrando-se sempre do alerta de Jesus quando recomendava seguir e não pecar mais para que não sucedesse o pior. Se você não conseguiu compreender é porque ainda tem alguma ou várias "pedras dentro do seu sapato" para serem eliminadas.

> A saúde é das maiores bênçãos que possamos desfrutar no campo da vida. Enxada milagrosa, com o seu concurso podemos cavar o solo das oportunidades, criando novos rumos de ascensão para os nossos destinos. Louvemos ao Senhor pelo equilíbrio de que nos sentimos aquinhoados. Com a harmonia do vaso, a planta pode crescer, estendendo ramos fartos para o mundo e subindo na direção do Céu.
>
> **Neio Lúcio, livro *Obras da fé*.**

Neio Lúcio tem toda razão. Tendo um corpo físico saudável teremos um instrumento de trabalho bastante útil para desempenharmos nossa tarefa na escola da Terra quando retornarmos. É preciso entender, porém, que o instrumento saudável é uma consequência direta de um espírito são.

Dessa maneira, ao lado dos cuidados com o veículo de carne, eliminemos as "pedras" do nosso calçado para atingirmos o *mens sana in corpore sano*.

Quando alcançarmos esse objetivo estaremos cumprindo a determinação de Jesus: *Vá e não peques mais...*

VAMOS COMEÇAR O REGIME?

É DIFÍCIL, MUITO mesmo, deixar de comer aquilo que gostamos, fale a verdade! Um docinho caseiro desses feitos pela mamãe ou pelas mãos mágicas da vovó é uma tentação complicada. E para quem gosta daquela comida bem temperada, uma massa italiana nadando em molho (escolha o da sua preferência: branco, vermelho ou *rosé*) é um sacrifício abstermo-nos dessa delícia, disso ninguém duvida, ou será que ainda paira alguma dúvida? Isso para não falarmos naquele churrasco suculento de picanha acenando-nos com a sua gordurinha dependurada "suando" no espeto em um belo fim de semana com sol e piscina, é ou não é?

"Ah! Meu Deus! Segunda-feira começo o meu regime, hoje não dá!" Você já ouviu essa frase? Não estou afirmando que você já disse isso, mas perguntando se já ouviu essa transferência para o dia seguinte ou para a segunda-feira seguinte o doloroso e mal-humorado regime?

Quando eu era criança, existiam os bares que vendiam de tudo um pouco. O proprietário para evitar o risco de vender fiado e nunca mais receber, apesar do custo de vida naquela época ser muito mais brando, tinha afixado em local bem visível uma placa com os dizeres em letras graúdas para que não restassem dúvidas: FIADO SÓ AMANHÃ! Esse aviso renovava-se automaticamente a cada dia que surgia e impedia, ou tentava impedir, que alguém solicitasse algum produto para pagar depois, ou nunca mais pagar.

Em relação ao mundo material até que dá para entender esse adiamento de decisões ou essas postergações de atitudes que deveriam ser tomadas no dia de hoje e não deixadas para o dia de amanhã que ninguém sabe se existirá ou não. Fica mais difícil. O gordinho que se conferiu a liberdade de se esbaldar no final de semana vai ficar contrariado e desanimado na segunda-feira ao constatar que ganhou uns quilinhos a mais. Pesam no corpo e na consciência. No humor também! Ao subir na balança para anotar o peso do início do regime, já vai ficar desanimado com os quilos a mais que se juntaram aos que já existiam, engrossando a fila dos que terão que ser eliminados.

O grande problema é que vivemos a fazer isso na questão espiritual da existência. Você conhece alguém que deseja ir para um lugar muito ruim depois da morte do corpo? Não vou utilizar a expressão "inferno" porque, para nós espíritas, esse local não existe. Entretanto, existem locais transitórios de intenso sofrimento na dimensão espiritual aguardando aqueles que fizeram o que não deveriam ter feito e deixaram de fazer o que deveriam ter realizado enquanto no corpo. Lembremo-nos que a doutrina espírita nos explica que responderemos não somente pelo mal que fizermos, mas também pelo mal que resultar do bem que não fizemos! Você conhece alguém que deseja intencionalmente ir para um lugar ruim após a desencarnação? Eu não conheço ninguém, porque sempre desejamos o melhor para nós mesmos, embora façamos muita confusão do que seja esse "melhor". Mas ir para um local de sofrimento, isso não, definitivamente! Chega o que já sofremos por aqui, não é mesmo? Pois então!

Acontece que agimos em relação ao bem que devemos fazer como a pessoa que adia o regime para se esbaldar diante dos quitutes deliciosos, perante os pratos irresistíveis. Ou usamos diante das oportunidades de praticar o bem, a tabuleta dos bares do meu tempo de criança - Fiado só amanhã! Praticar o bem? Amanhã. Não conseguimos arrumar alguma desculpa que convença e nos justifique perante as Leis incorruptíveis da Justiça Divina.

Emmanuel, no livro *Vinha de luz*, capítulo 170, através da mediunidade abençoada e saudosa de Chico Xavier, nos ensina o seguinte:

> Cuida, pois, de fazer sem delonga, quanto deve ser feito em benefício de tua própria felicidade, porque o amanhã será muito agradável e benéfico somente para aquele que trabalha no bem, que cresce no ideal superior e que aperfeiçoa, valorosamente, nas abençoadas horas de hoje.

O mentor de Chico é muito claro. Não dá para adiar o serviço no bem que todos os dias se nos apresenta de alguma forma como a tabuleta do bar ou como no adiamento do início do regime.

"Assim que eu ajeitar a minha situação financeira, irei dedicar-me ao serviço do semelhante." - dizemos. E se a desencarnação chegar antes? Ninguém tem calendário do tempo de Deus.

"Quando eu ficar mais velho e tiver mais tempo...". E quem pode garantir que viverá um dia a mais que seja nessa atual reencarnação?

"Quando meus filhos estiverem encaminhados...". Quantos filhos não ficam órfãos porque os pais partem antes?

"Quando eu melhorar de saúde...". Você desconhece que se dedicando à saúde do próximo estamos nos tratando perante as Leis de Deus?

Diz Emmanuel no mesmo capítulo mencionado do livro *Vinha de luz*:

> O lavrador que perde a hora de semear, não consegue prever as consequências da procrastinação do serviço a que se devota, porque, entre uma hora e outra, podem surgir impedimentos e lutas de indefinível duração.

O dia de amanhã é uma data muito perigosa para o trabalho espiritual porque simplesmente o dia de hoje pode não ter continuação no dia de amanhã. Podemos ser convocados ao nosso retorno ao mundo de origem sem a consulta prévia ao nosso calendário e às nossas expectativas.

FIADO SÓ AMANHÃ, regime só na segunda-feira, só existem no calendário dos homens que não possui validade perante o calendário de Deus.

Então, vamos começar as coisas que precisamos fazer no mundo material e na dimensão do espírito no tempo certo que é exatamente o dia de hoje e o tempo do agora?

VIVER MUITO

VOCÊ CONHECE ALGUÉM que não quer viver muito? Eu conheço vários. Por exemplo, quando a pessoa está com trinta anos deseja "desocupar" a vida quando chegar aos sessenta porque, a partir daí, é só prejuízo, dizem. Outras, por exemplo, com cinquenta desejam partir aos setenta porque já terá dado tempo para aproveitar a vida sem ter que arcar com os problemas da velhice. Outros alegam que ao chegarem aos oitenta já estará de bom tamanho. Muitos já partiram muito antes. Em resumo: sempre que a data da partida estiver longe ou um pouco longe, a pessoa não se importa de desencarnar. Só que vão dando sempre um prazo a mais para a morte de maneira que ela fique o mais longe possível.

O que eu fico a pensar é se a questão é viver muito em número de anos no corpo físico ou muito viver no sentido de empregar a vida para o crescimento espiritual.

Joanna de Ângelis no livro *Vida: desafios & soluções*, psicografia de Divaldo afirma que *viver é um desafio sublime, e realizá-lo com sabedoria é uma bem-aventurança que se encontra à disposição de todo aquele que se resolva decididamente por avançar, autossuperar-se e alcançar a comunhão com Deus.*

E é aí que o negócio complica para nós. Os que gostam de viver muito não têm esse objetivo que a mentora preconiza. A pessoa quer viver muito para viajar muito; saborear incansavelmente os pratos que aprecia; morar bem na mansão de sua propriedade com todo o conforto; conhecer os maravilhosos locais espalhados por esse planeta; vestir-se sempre na moda; ajuntar dinheiro e propriedades que ficarão definitivamente no mundo; frequentar a roda de amigos batendo um bom papo (especialmente se for para falar da vida de alguém); curtir os bailes e as diversas festas que a sociedade ofereça. É para isso que desejam viver muito.

No mesmo livro citado observa a mentora que *a fatalidade existencial deixa de ser viver bem, que é uma das metas humanas, para bem viver, que é uma conquista pessoal intransferível, especial, que jamais se altera ou se perde, fomentando felicidade e trabalhando pela paz que todos almejam.*

Novamente os objetivos preconizados por Joanna não batem com os objetivos dos que desejam viver muito. Fazem a opção por *viver bem* ao invés de *bem viver*. A meta ensinada por ela é viver construindo-se interiormente, superando nossas imperfeições mediante o burilamento de nós mesmos. Não é uma tarefa fácil, uma tarefa simples, porque tem a ver com a realidade moral e espiritual da criatura que é chamada à incessante trabalho de autoaprimoramento. O autoaprimoramento é um autoenfrentamento da nossa realidade íntima e que não gostamos de fazer. Quando um local não é agradável costumamos ficar longe dele. Desfiamos uma série de desculpas, mas para esse lugar desagradável nós não vamos. Se o nosso íntimo revela essa realidade, em nível inconsciente procuramos nos afastar de nós mesmos. É quando amordaçamos a consciência. É quando ela nos alerta sobre os erros que estamos cometendo e ficamos surdos a essas advertências. É quando nossas obras nos desabonam moralmente e fechamos os olhos para essa realidade. Os dias atuais estão repletos desses exemplos estampados na imprensa dia a dia.

Muitas vezes diante de determinadas notícias fico indagando se aquela pessoa acha que nunca vai desencarnar e prestar contas do que está fazendo. Prestar contas da corrupção que semeia ou da impunidade com a qual se defende perante as leis dos homens e o mesmo pudesse fazer perante as leis de Deus. Se essa pessoa acredita que possa burlar a perfeição das leis maiores que nos regem e dá a cada um segundo as suas obras, sofrerão terrível decepção. Ou se, finalmente, essas pessoas acreditam piamente que a morte do corpo é o fim, nivelando os que foram bons com aqueles que semearam o mal em um mesmo buraco de terra, acordarão, após longo período de agitação no mundo espiritual, para o enfrentamento com a realidade que as fará chorar lágrimas de intensa dor.

As leis de Deus independem da nossa crença nelas. Muitas vezes pessoas debocham dizendo que nada existe depois da morte. Que tudo acaba e ponto final. Com esse mecanismo de autoilusão se permitem entregar às devassidões da vida material. Entretanto, as leis nos aguardam soberanas para estender a cada um o fruto de sua livre semeadura.

Essa é uma aposta que nunca deveríamos fazer: de que a morte é o fim de tudo. Principalmente quando nos entregamos ao *viver bem* ao invés do *bem viver* e nos entregamos aos lucros imediatos da carne.

Será que Chico Xavier ou Divaldo estão completamente errados ao fazer a opção de vida que fizeram? Errado estavam também Francisco de Assis, santa Clara, santa Tereza D´Ávila, Joanna de Cusa, Antonio de Pádua, Irmã Dulce, Madre Teresa de Calcutá, Albert Schweitzer e tantos outros vultos luminosos que escolheram o *bem viver*? O comportamento desses vultos grandiosos não deveria servir pelo menos para uma pausa à meditação? Para um instante de advertência?

Novamente retornamos à Joanna quando ela afirma no livro *Elucidações psicológicas à luz do espiritismo*, psicografia de Divaldo:

> Viver é também uma experiência do morrer, considerando-se a incessante transformação orgânica operada nas células e nos departamentos que conformam o corpo. Quando ocorre o fenômeno final - ou pouco antes - o ser desperta para o significado real da existência e das suas aquisições, experimentando frustração e amargura pelo uso inadequado que deu à jornada ora em encerramento.

Já imaginaram o terror que deve assaltar a criatura se nos seus derradeiros momentos no corpo ela sentir, como diz Joanna, que fez uso inadequado da jornada terrestre?

Isso me lembra de Francisco de Assis que estando a cuidar de um jardim do mosteiro em que estava instalado, foi indagado por um frade sobre o que ele, Francisco, faria se soubesse que iria morrer naquele dia. A resposta é fenomenal quando o santo de Assis respondeu que não faria nada, apenas continuaria a cuidar das flores. Ele já tinha feito a lição de casa escolhendo o *bem viver* em lugar do *viver bem* e estava preparado para partir a qualquer momento. Já havia dado o seu recado ao mundo.

Nele eu acredito, pois realmente não temia a morte e nem se importava com a quantia de anos que tivesse vivido, porque o que importa não é a quantidade, mas sim a qualidade de tempo transcorrido no corpo com a devida semeadura no campo do bem.

Se alguém fizesse a você a mesma pergunta que foi feita a Francisco de Assis, você responderia o mesmo que ele ou ficaria bem longe do jardim de sua casa?

PERDER, GANHANDO

COMO É POSSÍVEL isso: perder, ganhando? Ou se ganha ou se perde. Calma que provaremos que assim se passa.

Mas antes vamos responder a uma pergunta? O ser humano, via de regra, gosta de ganhar ou de perder? Pergunta sem sentido? Vamos atenuar a pergunta: o ser humano gosta de ganhar ou não se importa em perder? Atenuamos a pergunta, mas a resposta se modificou ou o ser humano gosta mesmo é de ganhar? É claro que sim: o ser humano gosta é de ganhar, não resta dúvida! Não fosse assim, as casas lotéricas não se encheriam de apostadores quando a mega sena, lotofácil, quina e todos os demais jogos tivessem seus prêmios acumulados por falta de acertador. O ser humano gosta de encher as mãos, os bolsos e tudo mais que o permita ter mais e mais, é ou não é?

Por exemplo, quem não compra uma rifa de um carro desejando ganhar o veículo? Será que a pessoa pensa assim: "não me importo em ser o ganhador, estou comprando por comprar." Ou ainda: "Estou comprando para ajudar uma boa causa."

Mas lá no fundo deseja muito o carro que está no sorteio.

Quem não gosta de conquistar um emprego e renda melhor? Quem não gosta de conquistar uma posição melhor no local de trabalho? Quem não gosta que o time de sua preferência vença? Quem não gosta que o piloto de fórmula um do seu país vença a corrida e desfile com a bandeira da sua pátria? Esses poucos exemplos ilustram que gostamos de ganhar.

Mas isso é errado? Não foi essa a afirmativa feita, mas sim a de que em muitas ocasiões podemos perder, ganhando.

Confuso, não? Vamos clarear a situação.

Quando dentro do lar a esposa num momento de nervoso diz para o marido ou companheiro: "Não sei como fui louca em me casar com você com tantos outros pretendentes!" Ela está ganhando ou perdendo?

No mesmo lar, quando o marido revida uma ocasião de mau humor da esposa alimentando a discussão, ele está ganhando ou perdendo?

No trânsito, quando escutamos aquelas palavras já conhecidas nossas e que homenageiam a nossa santa mãe ou recebemos os gestos tradicionais cujo significado já conhecemos e revidamos, estamos ganhando ou perdendo?

Quando alguém nos ofende e devolvemos a ofensa porque não somos do tipo que leva desaforo para casa, estamos ganhando ou perdendo?

Quando no trabalho não sabemos entender os problemas íntimos de um companheiro que está emocionalmente desequilibrado e que por isso nos agride e nós revidamos, estamos ganhando ou perdendo?

Essas respostas também são muito fáceis e são resumidas em uma só palavra: perdendo sempre!

Agora vamos inverter as situações.

Quando a esposa escuta a provocação do marido e releva esse comportamento por entender que se trata de um momento de mau humor por parte dele, ela está ganhando ou perdendo?

Quando o marido sabe compreender uma colocação agressiva da esposa que enfrentou vários problemas no lar junto aos filhos ou em seu trabalho e não alimenta uma discussão, ele está ganhando ou perdendo?

Quando no trânsito não revidamos às agressões recebidas através de palavras ou gestos obscenos sequer mentalmente, estamos ganhando ou perdendo?

Quando alguém nos ofende deliberadamente e não damos guarida a essa ofensa, estamos ganhando ou perdendo?

Quando no local de trabalho conseguimos entender o momento de mau humor de um companheiro e nos calamos, estamos ganhando ou perdendo?

A resposta a essas perguntas também é muito simples: ganhando sempre! Sabem por quê? Quando nos sintonizamos com o desequilíbrio alheio, inundamos a nossa corrente sanguínea com substâncias que aumentam o batimento do nosso coração, que aumentam nossos movimentos respiratórios, que nos deixam pálidos porque os vasos da nossa pele se contraem como se fôssemos entrar em luta contra algo ou contra alguém, e todas essas substâncias minam a nossa energia vital diminuindo-a e abreviando nossos dias aqui na Terra. Encurta a bênção preciosa da atual reencarnação cujo valor só saberemos quando retornarmos ao mundo espiritual.

Quando não aceitamos o convite para a guerra física ou mental contra alguém compreendendo que devemos renunciar, perdoar, calar diante desse convite, impedimos que as substâncias nocivas invadam nosso corpo físico e a mágoa invada a nossa parte mental, roubando-nos a saúde do corpo e do espírito. Por isso, quando agimos segundo a recomendação de Jesus, embora aos olhos do mundo estejamos perdendo, na verdade estaremos sempre ganhando.

Como a imensa maioria procura sempre vencer, contemplamos a tragédia das guerras, os crimes, as corrupções, as impunidades, que conferem àqueles que assim procedem a aparência de vencedores.

Entretanto, na medida em que vamos aprendendo a perder, na verdade caminhamos passo a passo em direção à vitória daqueles que sabem vencer a si mesmos conquistando a paz e a saúde integral, objetivos para os quais todos nós fomos criados por Deus.

E aí? Você prefere continuar no lado dos vencedores que perdem sempre ou prefere passar para o lado dos perdedores que ganham sempre?

POR QUE NÃO AMAMOS O SEMELHANTE?

O APÓSTOLO JOÃO é bastante franco ao chamar de mentiroso (1 João 4:20) aquele que diz amar a Deus a quem não vê se não ama o semelhante a quem vê. Está ele coberto de razão. *O Livro dos Espíritos* vem ao encontro desse pensamento de João ao ensinar na questão de número dez que o homem não pode compreender a natureza íntima de Deus. Se não pode, por enquanto, compreender, como afirmar que ama se não tem condições de conhecer? Para amarmos completamente é necessário conhecermos em toda extensão a grandiosidade do Criador.

Mas por que será que não amamos o semelhante? Várias hipóteses serão apresentadas, tais como, porque somos egoístas, orgulhosos, vaidosos, imperfeições essas que levantam barreiras que nos impedem de amar ao próximo.

Permita-me apresentar uma versão anterior a essa exposta. Vamos recordar o ensinamento de Jesus: *Amar a Deus acima de todas as coisas e ao próximo como a si mesmo*. Aí está bastante clara, em minha opinião, a razão porque não amamos ao nosso semelhante. Se é necessário amar a si mesmo antes de qualquer coisa para poder amar ao próximo, deixo a pergunta: nos amamos verdadeiramente?

Creio que confundimos satisfazer aos apelos do espírito reencarnado com amar-nos verdadeiramente. Como assim? – poderão perguntar. Muito simples.

Quando comemos além do necessário entregando-nos à gula, estamos nos amando sabendo de antemão que o excesso da alimentação é prejudicial ao corpo?

Quando devolvemos a ofensa recebida estamos nos amando verdadeiramente ou ingerindo tóxicos provocados pela ira a que nos entregamos?

Quando não temos tempo para os nossos filhos que se constituem em grave responsabilidade assumida perante Deus, estamos nos amando sabendo que responderemos perante a própria consciência de como encaminhamos os espíritos que Ele nos confiou?

Quando desfazemos um lar, para atender as ilusões de outras aventuras, estamos nos amando quando reconhecemos que teremos que retornar ao lado daqueles a quem lesamos em futuras reencarnações?

Quando ajuntamos fortunas que ficarão na Terra e se constituirão em fortes correntes a nos prender ao mundo após a desencarnação estamos nos amando? Quando corrompemos para obter o lucro abundante estamos nos amando? Quando burlamos as leis dos homens e nos beneficiamos da impunidade estamos nos amando, sabendo que leis incorruptíveis a tudo conhecem e dá a cada um segundo suas obras?

Quando fazemos o semelhante derramar lágrimas que satisfazem o nosso orgulho estamos nos amando se conhecemos que teremos que retornar para secá-las? Quando praticamos o sexo sem responsabilidade e sem afeto para a satisfação dos instintos primitivos estamos nos amando quando conhecemos que através do sexo somos cocriadores junto à Providência Divina?

Quando nos tornamos em arauto do pessimismo no ambiente do trabalho estamos nos amando se distribuímos vibrações que somente gerarão antipatia a nossa presença?

Quando passamos adiante uma maledicência estamos nos amando não desconhecendo que com a mesma medida que medirmos seremos medidos? Quando usamos a nossa voz para desorientar, enganar e ferir estamos nos amando?

Quando nossos olhos buscam avidamente e prazerosamente os defeitos alheios estamos nos amando?

Quando nossos braços impunham a arma ou uma caneta para prejudicar alguém estamos nos amando?

Quando nossas pernas perfeitas são utilizadas para buscamos lugares inconvenientes estamos nos amando?

Em todas as ocasiões em que nos entregamos à cólera estamos nos amando? Em todos os momentos em que a vaidade, o orgulho e o egoísmo nos fazem agressivos contra alguém estamos nos amando?

Creio que você mesmo poderá ir estendendo esses questionamentos até onde o conhecimento de si próprio conseguir levá-lo. A conclusão é sempre a mesma: confundimos satisfazer os nossos interesses de acordo com as regras do mundo com o amar-nos verdadeiramente.

A consequência disso é que não nos amamos verdadeiramente e, por extensão, não amamos também ao semelhante. E se não amamos a quem vemos, com quem convivemos, temos que concordar com o apóstolo João de que não amamos a Deus a quem não temos ainda os recursos de compreender em toda a grandiosidade que Ele possui.

Ensina Joanna de Ângelis no livro *Amor, imbatível amor*, psicografia de Divaldo, capítulo 13:

> A síntese proposta por Jesus em torno do amor é das mais belas psicoterapias que se conhece: *Amar a Deus acima de todas as coisas e ao próximo como a si mesmo*, em uma trilogia harmônica.
>
> Ante a impossibilidade de o homem amar a Deus em plenitude, já que tem dificuldade em conceber o Absoluto, realiza o mister, invertendo a ordem do ensinamento, amando-se de início, a fim de desenvolver as aptidões que lhe dormem em latência, esforçando-se por adquirir valores iluminativos a cada momento, crescendo na direção do amor ao próximo, decorrência natural do autoamor, já que o outro é extensão dele mesmo, para, finalmente amar a Deus, em uma transcendência incomparável, na qual o amor predomina em todas as emoções e é o responsável por todos os atos.

O caminho para um dia amarmos verdadeiramente a Deus inicia-se em nós mesmos. Precisamos aprender a nos amar atendendo as necessidades primeiramente como espíritos imortais, mesmo que à custa de toda a renúncia que o homem físico recebe dos prazeres materiais.

Depois que conseguirmos esse autoamor, estaremos preparados para amar ao próximo e, consequentemente, a Deus.

Por enquanto o Apóstolo João está com a razão: se não amamos ao próximo a quem vemos como amar a Deus a quem não vemos?

O TEU *BOOK*

A PALAVRA *BOOK* em língua inglesa, como é do conhecimento de todos, significa livro. Ainda me lembro das aulas de inglês no antigo ginasial: "*The book is on the table.*"

Mas o *book* a que me refiro agora é o montado por algum artista ou modelo para fazer a sua apresentação. Ali são colocadas várias fotos da pessoa e o *book* é enviado ou apresentado em algum local ou a determinada pessoa. É sobre esse *book* que quero conversar com você.

Quando um homem resolve na posse do seu livre-arbítrio abandonar a esposa e os filhos em busca de novas aventuras, a consciência dele procura alertá-lo de que ele está incorrendo em grave erro. Não tem como fugir dessa situação porque a lei de Deus está escrita na nossa consciência, como nos ensina a questão de número 621 de *O Livro dos Espíritos*. É um mecanismo automático: a pessoa decide-se por uma atitude que contraria as leis do Universo e imediatamente surge dentro dela uma espécie de alarme.

Não bastasse esse alerta, sobraria a advertência de

Jesus de que devemos fazer aos outros aquilo que gostaríamos que os outros nos fizessem.

Mesmo assim, o homem citado em nosso exemplo decide abandonar o lar, a esposa e os filhos, fechando os ouvidos para a advertência. Esse homem está inebriado pelos prazeres imediatos do mundo e não escuta a voz da sua consciência. Foge dos compromissos assumidos. É um direito dele. Só que imediatamente a consciência "fotografa" o desequilíbrio cometido e arquiva o mesmo para posterior utilização.

Vamos a um outro exemplo. Pessoas que se deixam envolver pela corrupção ficam deslumbradas diante do dinheiro que pode ser "surrupiado" dos outros. Afinal, são milhões de reais, quando não de dólares, que podem "sumir", de preferência sem deixar pistas, como se essas pessoas que roubam o dinheiro que não lhes pertence fossem usufruí-lo para o resto da vida, vida essa que na visão deles seria eterna. Preferem não enxergar que a morte vai visitá-los mais breve do que pensam e deixarão no mundo o dinheiro desonestamente ganho e levarão consigo a consciência de culpa pelo que fizeram a lhes cobrar duramente o erro cometido. Da mesma forma, nesses casos, a consciência, reflexo de Deus em nós, brada contra o procedimento indevido que está sendo tomado. Mas o dinheiro fala mais alto e a pessoa prossegue em seu delito que está sendo indelevelmente registrado por essa mesma consciência que é ignorada. A fotografia do erro livremente cometido é feita por essa "fotógrafa" incorruptível chamada consciência e, no devido tempo, essas fotos serão apresentadas a quem de direito.

Outras vezes são os casos da utilização de bebida alcoólica e do cigarro chamados incorretamente, a meu ver, de drogas lícitas. Como lícitas se provocam tragédias pessoais e familiares de monta? Mas, por enquanto, em nossa sociedade as coisas transcorrem dessa maneira. Quando a pessoa bebe ou fuma o seu cigarro, a consciência procura alertá-lo de que esse não é um comportamento saudável e adequado porque, perante as leis de Deus, representa um suicídio indireto através dos malefícios que causam ao corpo físico. Mas, mais uma vez, o prazer da bebida ou do cigarro, ou de ambos, supera a virtude e a pessoa se entrega ao vício ignorando os alertas da consciência, reflexo das leis de Deus em cada um. E a pessoa, livremente, bebe e fuma à vontade. Essas atitudes são fotografadas e serão apresentadas um dia ao "artista" que lhes deu origem.

Lembram-se quando dissemos no início que conversaríamos sobre o *book* de cada um? Pois então! De acordo com o violamento das leis nossas atitudes vão sendo "fotografadas" pela consciência de cada um e compondo o *book* particular que teremos que examinar em nosso retorno ao mundo espiritual.

No livro *Jesus e o Evangelho à luz da psicologia profunda*, psicografia de Divaldo, Joanna de Ângelis, abordando o assunto sobre os escândalos, nos deixa a seguinte lição:

> Tudo aquilo quanto violente o equilíbrio, o estabelecido, constitui um escândalo, uma irreverência atentatória contra a ordem. Como consequência, os efeitos do ato danoso produzem ressonância, desarmonizando o indivíduo e, com ele, o grupo social no qual se encontra situado.

Esse *book* que confeccionamos com determinadas atitudes, violenta o equilíbrio das leis universais do amor, trazendo ato danoso para quem pratica a violência e para quem sofre as suas consequências.

Essas atitudes são "fotografadas" pela consciência de cada um, indo compor o *book* que teremos que analisar em nosso retorno à verdadeira origem, já que no corpo somos seres com passagem brevíssima na dimensão vibratória do homem físico.

Já Emmanuel, no livro *Obras da fé*, pela psicografia de Chico Xavier, nos ensina o seguinte:

> Guardai-vos do mal, para que ele não vos atinja. Lembrai-vos da boa e da má semente. No mistério insondável da germinação, elas são origem de milhares de frutos. Felizes todos aqueles que souberem efetuar a necessária escolha.

Será que todos aqueles que se recusam a ouvir a voz da consciência estão semeando a boa semente? Se hoje duvidam que essa tal de "consciência" exista ou de que a vida após a morte seja uma realidade e não uma invenção das religiões, ao contemplarem o seu *book* após a morte do corpo poderão ter a prova definitiva para resolver as suas descrenças.

Só tem um problema: o *book* já estará pronto e para arrancar as fotos velhas e comprometedoras e trocá-las por fotos novas e de acordo com a lei, imenso trabalho terá que ser desenvolvido, constatando os culpados de que, realmente, não valeu a pena.

Vamos renovar o nosso *book* a partir de agora?

A POEIRA DA SALA

SE VOCÊ QUE me dá a honra da leitura for homem, talvez não entenda a minha pergunta, mas se você for mulher e, se principalmente, for dona de casa a entenderá. De qualquer forma vou formulá-la: o que acontece se colocarmos em nossa sala um pouco de poeira ou de lixo e não varrermos esse material desse local o mais rápido possível?

Como as donas de casa sabem a resposta, vou responder para os homens: aos poucos, sopra uma brisa daqui, entra um vento de lá, e o material acumulado em um dos cantos acaba por se esparramar por toda a sala.

E o que isso tem a ver conosco, estará você perguntando com toda a razão. Vou explicar.

Quando reencarnamos e tomamos consciência da vida, em realidade estamos sobre um porão chamado "inconsciente". Esse "inconsciente" possui um arquivo de todas as nossas experiências, negativas ou positivas até então vivenciadas. Como somos espíritos ainda na escala inferior da evolução, possuímos mais arquivos negativos do que positivos em consequência de nossas vivências passadas.

Vamos "escutar" o que diz Joanna de Ângelis no livro *Triunfo pessoal*, capítulo 4, através da psicografia de Divaldo:

> Nos refolhos do inconsciente individual do ser estão registrados todos os acontecimentos referentes às existências transatas do espírito em processo de evolução. Suas lutas e glórias imprimem-se como conquistas inalienáveis de vitórias sobre as paixões e os limites que o tipificam, impulsionando-o a avanços mais significativos. Da mesma forma, suas quedas e fracassos, seus compromissos não atendidos e deveres transformados em desequilíbrios, que o levaram a comprometimentos infelizes, deixando marcas de desaires e perturbações na retaguarda, fixam-se-lhe nos painéis delicados, que ressumam nos novos mecanismos de crescimento como conflitos e complexos, ora de superioridade, quando foram positivos, ora de inferioridade, quando negativos, assinalando-o de forma grave que o atormenta, no último caso, e às vezes o conduz ao desvario.

Como estava dizendo no início, estamos hoje reencarnados e "morando" de uma certa maneira sobre o porão do inconsciente onde está arquivado nosso passado de erros e acertos. Da mesma forma que a poeira não removida da sala pode se espalhar, os registros do inconsciente podem "vazar" do porão do inconsciente para a consciência atual do espírito reencarnado. E precisa ser "varrida" rapidamente para que não se espalhe no consciente atual agravando nossas lutas. Mas quando isso acontece? Sabe aqueles dias que parece que não temos nada de bom a fazer (o que não é verdade) e ficamos a divagar com o pensamento solto? Quando não ocupamos a mente com coisa boa, ela possui espaço para as coisas ruins. É a conhecida "oficina do diabo" quando não direcionada para o bem. Nesses dias ficamos a cismar algumas coisas não recomendáveis. É quando dizemos: "Ah! Como eu gostaria de ter uma vida melhor!" "Ah! Como seria bom se eu tivesse um emprego onde ganhasse mais!" "Ah! Se eu tivesse filhos mais responsáveis!" "Ah! Se eu morasse numa casa mais bonita e confortável!" "Ah! Se eu tivesse dinheiro para conhecer outros países!" "Ah! Se o meu marido me compreendesse mais!" "Ah! Se minha mulher fosse mais atenciosa!" "Ah! Se eu pudesse vestir-me de acordo com a moda!" "Ah! Se eu pudesse ter calçados mais finos!" "Ah! Se eu pudesse comprar roupas de marca!"

E vai por aí afora. Tenho certeza de que você poderá acrescentar muitos outros pensamentos a esses que deixo como exemplos.

Nesses momentos, a "poeira" do inconsciente pode estar se esparramando para a nossa vida atual através desses pensamentos que exprimem insatisfação com a atual existência e isso é muito perigoso.

Precisamos varrer esse lixo mental o mais rápido possível para que ele não se espalhe nos demais dias da semana.

Muitos dirão: "Mas isso é atuação de espíritos obsessores!" Os espíritos obsessores não têm ombros tão largos quanto imaginamos para atirarmos sobre eles as decisões e determinações que cabem a nós mesmos, espíritos encarnados.

É claro que se permitirmos que nasça em nós uma "ferida", atrairemos as "moscas" das companhias indesejáveis. Mas a decisão final é sempre nossa. Se varrermos o lixo tão logo ele apareça, não dará tempo de atrair as "visitas" indesejáveis.

Irmão José, através da psicografia de Baccelli no livro *Deus te abençoe*, assim nos ensina: "Para que te imunizes do mal que te espreita nos refolhos da alma, é indispensável que penses e desejes o bem com persistente determinação." Ou seja, não podemos ver o "lixo" no canto da sala e dar tempo para que ele se espalhe pela sala toda. Precisamos removê-lo o mais rápido possível. Somos os donos da nossa casa mental. Ou a limpamos urgentemente, ou daremos oportunidade para que a sujeira entre, se instale em um dos "cantos" e comece a contaminar o restante dessa casa.

Vamos apanhar a "vassoura" do trabalho em favor do mais necessitado e começar a dar um jeito nessa sujeira que precisa ser removida da nossa "casa" mental?

Repare como o Chico usou essa "vassoura"! A do Divaldo também está até com as cerdas gastas.

Mas quando o trabalhador está disposto, Deus providencia sempre uma vassoura nova. E de graça!

COMO VAI A SUA SALVAÇÃO?

COMO VAI A sua salvação? Você já está salvo?

"Ah! Sim!" - dirão muitos. "Creio em Jesus Cristo que veio nos salvar e por isso estou salvo!"

Sinto muito, meu amigo e minha amiga, mas esse raciocínio é muito cômodo, mas não é verdadeiro.

"Como não?! Você não acredita que Jesus veio para nos salvar?!"

Calma! Raciocinemos. Por mais que você confie em um médico, por mais que você acredite que ele irá curá-lo de uma doença grave, se não tomar as medicações e fizer o que ele recomendar, você não será curado. É verdade ou não? Ou será que apenas a sua máxima confiança nesse facultativo, sem tomar as medicações, já será suficiente para se obter a cura do mal que ameaça a sua vida?

Com o Médico Divino ocorre o mesmo. Ele veio trazer a receita para que possamos nos salvar. Tudo depende de tomarmos a "medicação" por ele receitada para que possamos nos salvar ou não.

Vamos lembrar Kardec na *Revista Espírita* de julho de

1869: "Jesus assentou o princípio da caridade, da igualdade e da fraternidade, fazendo dele uma condição expressa para a salvação;..."

Percebeu? Jesus fez da caridade, igualdade e da fraternidade condição expressa para a salvação. Quem tem que praticar a caridade, a igualdade e a fraternidade para ser salvo, nós ou ele? Resposta óbvia, não é?

Então, as condições, as medicações para a salvação de quem possa se interessar está na prática dessas três condições bastante claras que o Médico Divino receitou. Como ele foi muito direto diante de Nicodemos, está sendo direto diante de cada ser humano desejoso de ser salvo.

Mas o que devemos entender por "salvação"? É ser recolhido após a morte num berço de ouro com anjos tocando trombetas e sermos depositados num paraíso de preguiça e *dolce far niente,* como diz o italiano? Não, não é não, e sabemos muito bem disso. Apenas preferimos enxergar o lado mais fácil do problema como sempre. O lado que nos confira menos trabalho, mais comodismo. Só que perante as leis absolutamente sábias da vida, esse "jeitinho" não existe.

Salvação é o direcionamento de quem assim o desejar para o caminho correto. Salvação é uma orientação para que a pessoa siga de maneira a lhe conferir a paz de consciência após a morte.

Salvação é instruir, educar ou reeducar o interessado, aperfeiçoando-o para a vida eterna. E a vinda de Jesus sem a nossa participação, sem o nosso trabalho, sem nos dispormos a tomar a "medicação" por ele receitada, não trará salvação para aquele que assim proceder.

Eu sei que o comodismo do homem tem perpetuado essa imagem enganosa de que Jesus já nos salvou e por isso não nos cabe fazer mais nada além de crer nele. É assim uma espécie de aposentadoria sem nunca ter trabalhado. Ah! Que maravilha! Jesus já fez todo o trabalho que me cabia realizar e por isso estou salvo!

Vem cá. Sinceramente falando entre nós dois, você acha que Deus aceitaria esse raciocínio sendo Ele a Sabedoria e a Justiça perfeitas? Seja franco com você mesmo e saia desse comodismo enquanto é tempo.

Joanna de Ângelis no livro *Jesus e atualidade*, comentando sobre a frase de Jesus de que "aquele que perseverar até o fim, será salvo", assim tece o seu comentário:

> A salvação, aqui, deve ser tomada como um estado de consciência tranquila, de autodescobrimento, em que o mundo interior assoma, governando os impulsos desordenados e harmonizando o indivíduo.
>
> Salvo está aquele que sabe quem é, o que veio fazer no mundo, como realizá-lo, e, confiante, se entrega à realização do compromisso estabelecido.

Quer ser salvo? Você tem se entregado ao compromisso estabelecido? Ah! Você não sabe qual seria esse compromisso?

Vamos, então, retornar às palavras de Kardec registradas na *Revista Espírita*: "Jesus assentou o princípio da caridade, da igualdade e da fraternidade, fazendo dele uma condição expressa para a salvação."

E então? Já recordou qual o seu compromisso? Estaria ele dentro do seu próprio lar junto aos familiares?

Estaria ele nos hospitais na visita aos enfermos? Nos asilos ou orfanatos no amparo àqueles irmãos? No trânsito quando alguém nos ofende mesmo estando essa pessoa errada? Em nosso ambiente de trabalho? Dentro da casa espírita que frequentamos? Junto àquele que bate no portão de nossa residência pedindo algo? No lar que a morte visitou e onde podemos dizer alguma palavra de consolo? Junto a um jovem adicto ou recluso em algum presídio? Perto daquele que precisa desabafar suas angústias e não encontra ninguém disposto a ouvi-lo? Nosso compromisso estaria junto ao semelhante que necessita de uma palavra de orientação? Diante da maledicência onde nos calamos para não passá-la adiante?

É, meu amigo e minha amiga, com certeza o nosso compromisso e a nossa consequente salvação não estão na poltrona de luxo do comodismo onde lançamos nosso tempo, enquanto tantos estão gritando pelo nosso exercício da caridade, da igualdade e da fraternidade, condições sobre as quais Jesus assentou a nossa salvação. O Médico Divino trouxe-nos o "remédio", mas não irá tomá-lo por nós. Aliás, não é ele quem precisa dele, mas sim quem deseja salvar-se.

E aí, como vai a sua salvação? Vai apostar que está na vida cômoda onde nada temos que fazer por Jesus já ter feito tudo por nós, ou vai se levantar da poltrona do egoísmo e da inércia e começar a tomar a medicação necessária à nossa salvação?

Vamos lá! Abra o "frasco" do seu coração e comece a tomar os "comprimidos" da caridade, da igualdade e da fraternidade enquanto é tempo. Não há contraindicação nenhuma, a não ser para quem não deseja ser salvo.

VAMOS PLANTAR UMA ÁRVORE?

HÁ MUITO TEMPO, talvez anos, li uma história que vou recontar com as minhas palavras e minhas lembranças. Quanto ao autor da mesma, também não me recordo.

Existia um homem que tinha a fama de nunca discutir dentro do lar quando chegava cansado do seu trabalho ao final de cada dia. "Seria um santo?" - indagavam alguns. Certamente que não, porque se o fosse não estaria mais entre os homens. Mas qual era o segredo? Que arma secreta aquele homem possuía que fazia com que jamais discutisse dentro de casa?

A imensa maioria dos homens (e por que excluir as mulheres que trabalham fora?) chegam irritados e, na menor oportunidade, surge a faísca e o incêndio da discussão se alastra entre o casal ou entre pais e filhos!

Mas com aquele senhor isso não ocorria e, por isso mesmo, a fama foi crescendo e motivando a curiosidade daqueles que não tinham o controle suficiente para evitar problemas de retorno ao lar.

Uma pessoa (sempre tem uma) não conseguiu controlar a curiosidade e aproximou-se daquele homem para obter a fórmula mágica de não levar para dentro do lar os problemas do dia a dia.

Foi direto ao assunto.

– O senhor não me conhece, mas a sua fama corre pela cidade se é que já não alcançou os limites fora dela.

O interrogado espantou-se.

– Mas a que devo tal referência, meu amigo?

– À sua fama de conseguir manter a calma dentro do lar não descarregando no ambiente doméstico os problemas que vivenciamos durante o dia. Isso é muito difícil, para não dizer que é impossível!

– Mas não existe mérito algum nisso. É um dever mantermos nosso local abençoado livre dos problemas que a vida nos confere.

– Mas essa "fórmula mágica" que você descobriu deveria ser patenteada, meu amigo. O mundo está muito necessitado de tal façanha!

– Não existe segredo algum e muito menos uma receita para conseguir esse comportamento.

– Se assim é, meu amigo, se importaria de ensinar-me como proceder?

– Ensiná-lo não posso por não acreditar que exista alguma lição a ser transmitida. Mas se o seu interesse é tão grande assim, convido-o a acompanhar-me o dia que puder, após sair do emprego até a minha morada. Talvez observando o que faço você encontre a resposta do que procura.

E dessa maneira ficou combinado entre os dois o tal

encontro em um final de jornada de trabalho do homem que não discutia em seu retorno ao lar, comportamento precioso sem dúvida nenhuma.

Conforme o combinado, naquele final de tarde lá estava o homem que queria descobrir o segredo do outro.

Tranquilamente o observado saiu do seu serviço no horário determinado e encontrou a companhia a esperá-lo na saída.

Dirigiram-se, cada um em seu carro, até a residência do homem tranquilo. Na frente da mesma ele parou o veículo e desceu. O outro que o seguia para descobrir o segredo fez o mesmo. Observou, porém, que o homem da paz trazia uma pequena sacola de pano suspensa em um dos ombros.

- Pode aproximar-se, meu amigo.

O convite foi aceito prontamente. O observador estava ávido para descobrir aquela fórmula de não conturbar o lar com discussões após um dia difícil de trabalho. Aproximou-se e observou que o homem tranquilo parou bem debaixo de uma árvore em frente à sua casa. Enfiou uma das mãos dentro da sacola de pano e fez um gesto de quem retirava algo de dentro e pendurava em um dos galhos. Logo em seguida tornou a enfiar outra mão dentro da mesma sacola como se novamente retirasse alguma coisa e dependurasse em outro galho da árvore. E assim foi repetindo sucessivamente os gestos. O problema é que nunca saía nada de dentro daquela sacola. O aprendiz de tranquilidade não aguentou:

- Desculpe-me, amigo. Você enfia a mão dentro dessa sua sacola que tudo indica estar vazia e finge retirar algo que pendura em um dos galhos da árvore!

– É exatamente isso que estou fazendo.

– Mas não consigo entender! Não sai nada aí de dentro! O que pendura na árvore?

– Meus problemas desse dia, meu amigo. Por exemplo, nesse galho aqui – e apontava o galho – pendurei uma discussão que tive com um dos colegas no dia de hoje. Nesse outro aqui – e tornava a apontar para outro local da mesma árvore – pendurei uma rusga com o patrão. – Nessa outra aqui – e repetia o gesto – pendurei um atrito no trânsito que como você viu é estressante. Naquele outro galho mais alto, pendurei um pequeno ferimento que tive em um dos meus dedos devido a uma falha de atenção no trabalho.

– Mas e daí? O que isso tem a ver com a paz que consegue manter em seu lar após retornar do trabalho?

– Tudo, meu amigo. Se deixo do lado de fora os problemas que tive no dia de hoje, eles não me acompanham para o interior sagrado de meu lar e consigo conviver em paz com a minha esposa e com meus filhos. A irritação que esses problemas podem provocar fica pendurada nesses galhos. Não me acompanham ao interior da minha casa. Por isso vivo em paz!

– E na manhã seguinte, eles continuam aí?

– Após a minha oração da noite antes de dormir, o vento que passa durante a madrugada os leva para longe – respondeu a sorrir.

Abraçaram-se ao se despedirem com o curioso agradecendo pela lição do homem tranquilo.

Antes que eles se distanciassem muito, o homem que preservava a paz do seu lar após um dia de trabalho falou em tom de brincadeira:

- Amigo!

- Sim?

- Hoje, antes de entrar em sua residência, plante uma árvore diante de sua casa.

No livro *Deus te abençoe*, psicografia de Baccelli, pelo espírito Irmão José, encontramos lições que podem representar a "árvore" necessária à paz em nosso lar. Vejamos:

> Chegaste a casa cansado e tudo viste fora do lugar.
>
> A esposa, sobrecarregada pelas tarefas domésticas, cumula-te de reclamações.
>
> Os filhos requisitam a tua atenção concentrada nas lutas de teu ganha-pão cotidiano.
>
> Quase todo dia, é o mesmo ramerrão que te desgasta, induzindo-te a pensamentos sombrios.
>
> Acalma-te, porém.
>
> Convicto de que tua irritação e azedume serão fatores complicatórios à harmonia familiar, conversa sem erguer o tom de voz.
>
> Ninguém combate labaredas a jorros de querosene.
>
> De volta ao lar do trabalho estafante, não coloques o pé na soleira da porta de entrada de tua casa, sem que acendas, primeiro, a luz da prece no coração.

Se não tem espaço para você plantar uma árvore diante de sua casa de alvenaria, plante-a no grande espaço do seu coração, na prece que antecede a sua chegada ao lar abençoado na sua atual reencarnação.

A MOEDA DE UMA FACE SÓ

SE VOCÊ ESTIVER pensando que o título acima não tem significado, explico-lhe dizendo que todas as moedas que conhecemos têm duas faces. O que não sei é se na história da humanidade, porventura, existiu alguma forma de moeda com mais de duas faces. O que dizer então de uma moeda de uma face só? Está tudo muito confuso? Não se preocupe. Vamos começar pela nossa moeda tradicional: a de duas faces.

No livro *Deus te abençoe,* psicografia de Baccelli, Irmão José em uma explanação intitulada *Contabilidade perfeita,* nos fala sobre a impossibilidade da Contabilidade perfeita de Deus deixar de registrar um único bem por nós praticado em favor de alguém, sem o devido crédito em favor do seu verdadeiro autor.

Explica Irmão José que podemos contabilizar todo o bem que praticamos em favor do próximo, que nenhum deles deixará de nos ser creditado. Nossas horas em favor de alguma instituição em forma de voluntariado. Nosso trabalho em algum centro espírita em qualquer uma de suas atividades beneficentes. Visita aos encarcerados. Aos asilos. Aos orfanatos. Aos doentes nos hospitais. Nada se perderá. Tudo será devidamente creditado.

Em determinado trecho de sua mensagem afirma categoricamente Irmão José:

> Deus é a contabilidade perfeita!
>
> O que for de teu merecimento há de ser colocado em tuas mãos.
>
> É mais fácil que algo fiques a dever à vida do que a vida fique a dever a ti.

Você está de pleno acordo com isso porque essa é a verdade que não admite dúvidas, não é assim?

Vamos agora virar a moeda? Sim, porque a moeda que conhecemos tem duas faces. Você gostou dessa face que afirma que todo o bem nos será creditado, não é assim? Pois bem. Virando a moeda e continuando a contabilidade divina a ser perfeita, tudo o que for de nosso merecimento haverá de nos ser colocado em mãos.

E é aí que a realidade fica perigosa. Sabe por quê? Da mesma forma em que o bem praticado chegará até nós em forma de bênçãos dos mais variados tipos, o mal praticado também chegará ao seu autor, infalivelmente, já que a contabilidade de Deus é absolutamente perfeita. Claro! Ou só queremos receber o crédito e ignorar as dívidas?

Quando vamos a um banco e pedimos um crédito, na hora em que gastamos o dinheiro é muito bom, mas quando chega a hora de pagar o capital emprestado e seus respectivos juros para amortizar a dívida, muita gente fica de "cabelo em pé"! Mas, contraído o débito, temos que acertar as contas.

Uma ocasião uma pessoa esclarecida me fez a seguinte pergunta: não seria suficiente uma pessoa se convencer de que agiu mal, arrepender-se e se propor sinceramente a nunca mais praticar o ato em que comprometeu a sua consciência sem a necessidade de sofrer a colheita do mal praticado? Eu respondi-lhe que não e utilizei o seguinte exemplo: suponhamos que um homem que praticou um estupro e matou a sua vítima se arrependa sinceramente do que fez. O arrependimento já é um bom sinal, sem nenhuma dúvida. Mesmo que ele se proponha honestamente a nunca mais repetir o mesmo crime, ele terá que reparar as consequências negativas que deixou pelo caminho. O estuprador ceifou deliberadamente uma vida e terá que ressarcir ao espírito que teve sua vida física ceifada de alguma maneira. Como pagamos pela lei do amor quando nos propomos a amar, um meio de o criminoso, sinceramente arrependido, quitar-se perante a própria consciência é devolver a vida física em uma outra reencarnação ao mesmo espírito de quem a retirou na existência em que praticou o crime.

Portanto, não adianta apenas o arrependimento sem a reparação do mal praticado. É a contabilidade perfeita de Deus que faz chegar às nossas mãos o crédito pelo bem praticado como as consequências do mal livremente perpetrado.

No livro *Divaldo Franco responde – Volume 2*, ele nos narra o episódio de uma de suas irmãs que não se sentia bem na presença do próprio pai. Em vida anterior, esses dois espíritos haviam se envolvido emocionalmente e o pai de agora - antigo amante - ceifara a vida da amante de outrora - atual filha. O registro ficou no inconsciente profundo dela que sentia medo do pai dessa existência. Ele havia sido o seu algoz do passado. O pai de Divaldo devolvia àquele espírito que era a sua filha na atual existência, a mesma vida física que lhe ceifara quando se encontraram no passado como amantes.

É a contabilidade infalível da qual nos fala Irmão José. Da mesma forma como recebemos os créditos pelo bem praticado, chegará até nós os débitos pelo mal livremente semeado.

No banco da providência divina a lei é essa. Contabilidade perfeita.

Sendo assim, avalie bem a sua decisão de contrair débitos ou semear créditos diante da Vida porque tanto um quanto o outro chegará a quem de direito.

Complicado tudo isso? Pode até ser, mas que é absolutamente perfeito e justo, isso ninguém poderá negar. Quando tiver dúvidas, não se esqueça de que uma moeda tem duas faces. Procure antes de agir verificar cada uma delas.

Falei no início que não sabia se em algum tempo da história da humanidade havia existido uma moeda de mais de duas faces.

Afirmei no título sobre a existência de uma moeda de uma só face. E agora tenho que provar, não é mesmo?

Existe em nossos dias atuais uma moeda com uma única face. É verdade. Foi confeccionada há mais de dois mil anos! Eu a encontrei na questão de número 886 de *O*

Livro dos Espíritos: Qual o verdadeiro sentido da palavra caridade como a entendia Jesus? Resposta: Benevolência para com todos, indulgência para com as imperfeições alheias, perdão das ofensas.

Essa é uma moeda que só tem essa face porque fecha a possibilidade da existência de outra realidade. Pode utilizá-la à vontade. Materialmente falando você nunca ficará rico, mas espiritualmente você será um milionário! Receberá todo o crédito originado no emprego dela e jamais terá que pagar nenhuma espécie de juros na forma de sofrimento que o seu uso pudesse gerar. Ela só dá lucros espiritualmente falando.

Se você não conhecia uma moeda de uma única face, agora já pode contar a novidade aos amigos. E mais do que contar, convidá-los a utilizá-la sempre em suas existências, desde que você faça o mesmo, é evidente.

O VEADO E O JABUTI

VAMOS UTILIZAR UM dos contos populares do interior do Brasil para fazermos uma analogia entre a necessidade de evoluirmos e os prazeres com que a vida material nos acena durante nossa estadia como espíritos encarnados.

Um determinado dia, por razões que somente os bichos conhecem, o jabuti e o veado resolveram medir forças. Ficou estabelecido entre os dois que disputariam uma corrida através da floresta que habitavam tendo que cruzá-la de um lado até o outro. Você estará pensando: como pode um jabuti medir forças com um veado principalmente por meio de uma corrida se o segundo é muito mais veloz do que o primeiro?

Pois é! O jabuti impôs uma condição: ele correria por dentro da mata e o veado pela margem da estrada. Percebeu a manobra do jabuti? Não, não é? O jabuti era muito mais esperto do que o seu concorrente!

Estabelecida essa condição que foi aceita pelo veado, foi marcada a data da corrida que atraiu a atenção de toda a bicharada.

Antes, porém, o jabuti convocou todos os seus parentes e combinou o seguinte: a cada cem metros dentro da floresta ficaria um jabuti. Como eles são muito parecidos, como o veado ia saber se era o jabuti com o qual ele havia feito a aposta? Se assim foi combinado entre os jabutis, melhor ainda foi executado. Dessa maneira, o veado saiu em desabalada carreira e a cada cem metros chamava pelo jabuti. Quem lhe respondia era um jabuti diferente. Como a voz era a mesma, o veado acreditava que estava sempre atrás do seu concorrente. E dessa maneira, quando estava perto da linha de chegada, lá já estava o jabuti com quem realmente fizera a aposta apresentando-se como o vencedor da corrida.

Você é capaz de fazer uma comparação com essa estratégia do jabuti e a corrida que disputamos entre a nossa necessidade de evolução e os prazeres com que a matéria nos acena?

A cada intervalo de nossa vida, como espírito reencarnado, está uma atração dos prazeres materiais disputando com a necessidade de evoluirmos. São os "jabutis" com que o mundo nos acena. Eles são mais ou menos iguais em suas consequências de retardar o nosso processo evolutivo. Por isso nos iludimos e, muitas vezes, nos deixamos enganar, perdendo a corrida.

Em um desses lugares localiza-se, por exemplo, os prazeres do sexo que tem um poderoso poder de atração em nosso atual estágio evolutivo, e que quanto mais é atendido, mais se torna insaciado.

Em outro lugar está o dinheiro que também fala alto devido aos valores que temos ainda arquivados em nosso interior, apesar de não podermos levá-lo para além da sepultura.

Mais além está o poder transitório do mundo, mas que tem grande sintonia com o ser humano que o busca com avidez, apesar de acabar com o término da vida material.

Em outro local se localizam as posses. Os alqueires de terra que se perdem de vista. O poder financeiro que está proibido de acompanhar-nos para além da fronteira da morte.

Escondidos de alguma maneira estão o orgulho, o egoísmo e a vaidade a espreitar e desafiar a nossa necessidade evolutiva para uma corrida por entre os valores do mundo.

No final da existência atual quem contemplaremos como vencedor?

Chico Xavier, Divaldo, Madre Teresa de Calcutá, Irmã Dulce, Mahatma Gandhi, Albert Schweitzer, Kardec, Martin Luther King e muitos outros que você queira citar, ganharam a corrida contra as tentações que o mundo na matéria nos acena.

Analisando a sua vida, quem vencerá a corrida: os prazeres do mundo ou a sua consciência em paz consigo mesmo?

Se for o primeiro, apresse o passo para que a vitória lhe sorria e possa partir em paz com a sua consciência, saindo da floresta dos prazeres da vida material vencendo as atrações que a vida física nos oferecem.

Boa corrida!

O MINUTO PRECIOSO

ESTAVA FAZENDO UMA palestra curta no centro espírita para preparo do ambiente onde seriam administrados os passes, e fiz uma proposta aos presentes: que cada um apresentasse sugestões simples de atitudes no bem que poderíamos utilizar no dia a dia. Nada de propostas mirabolantes, tais como, construir orfanatos, asilos, hospitais, nada disso. Indicações simples que podem perfeitamente fazer parte do nosso momento presente. Foram várias as sugestões. Um sorriso amigo. A visita a um vizinho passando por alguma dificuldade. Um telefonema a alguém que já não vemos há muito tempo. Um "bom-dia" dentro da própria casa ao acordarmos.

Fiz essa proposta baseada na página intitulada "Um minuto" do espírito Valérium, pela psicografia de Chico Xavier e que consta do livro *Ideal espírita*, no capítulo 26. As sugestões de Valérium são parecidas: redigir um telegrama, escrever um bilhete fraterno, dar um recado ao telefone, prestar uma informação, lavar uma peça de roupa, regar uma flor. Quem não pode fazer um ato pequeno desses, não é mesmo?

Em seguida narrei um fato que se passou comigo ouvindo o rádio do meu carro num domingo pela manhã. Antes, porém, quero deixar bem claro que não tenho preconceito contra religião alguma. A doutrina espírita me ensinou isso. Se Deus conferiu liberdade a todos os Seus filhos para escolherem à vontade e serem responsáveis pelas consequências, não teria eu o direito de condenar ou julgar a religião de ninguém, mesmo porque, a religião ensinada por Jesus foi a religião do amor - nem espiritismo, catolicismo, evangélica, nenhuma denominada pelos homens. Apenas a vivência do amor. Quando isso acontece, estamos exercitando a religiosidade, que é muito mais importante do que a religião propriamente dita. Em minha opinião, é preferível um bom católico a um mau espírita. Da mesma forma, é preferível um bom evangélico a um mau espírita. E assim por diante.

Esclarecido essa minha postura frente a qualquer religião, deixo claro e de uma forma muito tranquila que ouvia no rádio do meu carro o sermão de um padre. E ele colocava muito bem o seguinte: "o homem não tem tempo para as coisas de Deus. Por exemplo - continuava o padre - o rosário se compõe de cento e cinquenta ave-marias. Mas como o povo tem pressa, preferem rezar o terço que, como o nome está dizendo, é apenas um terço desse total, ou seja, cinquenta ave-marias. Em seguida ele perguntou: quem assiste só um terço de uma partida de futebol? Ninguém! Assiste o primeiro tempo, o intervalo do jogo, o segundo tempo e ainda corre para um canal de televisão para assistir os comentários sobre o jogo que mal acabou de terminar. Em seguida tornou a perguntar: quem só assiste a um terço da novela esperada com muita ansiedade? Ninguém! Assiste a novela inteirinha. E se tivesse mais capítulos no mesmo dia, a pessoa não se despregava da frente da televisão. Mas não tempo para as coisas de Deus..."

E fiquei a refletir na verdade dessas colocações. No centro espírita se passa coisa semelhante. Ou será que não? Quando um orador vem de outra cidade saindo do conforto do seu lar, enfrentando risco nas estradas, muitas vezes pagando o combustível com os recursos próprios e começa a falar, muitas pessoas não vêm a hora em que ele pare a palestra e os passes comecem a ser aplicados. Algumas não despregam os olhos do relógio para ver se adiantam as horas e a palestra acabe mais depressa. Outras até mesmo bocejam, quando não cochilam, numa atitude de lamentável falta de consideração! É ou não é?

Quando se propõe a estudar a doutrina espírita o grupo é do mesmo tamanho daquele que esperam para receber o passe?

Quando se convidam pessoas para colaborar com a evangelização infantil, é fácil recrutar o mesmo número daquelas que se dispõem a receber passe, muitas vezes sem necessidade nenhuma, apenas por acharem que as energias espirituais podem evitar contratempos na sua vida?

Quantas pessoas se dispõem a colaborar na limpeza do centro que todos gostam de encontrar limpo e à disposição dos usuários?

Nosso centro tem uma biblioteca à disposição das pessoas que desejam um livro emprestado para se aprofundarem no estudo da doutrina e se encontra quem se preste a esse serviço?

Recebemos com cortesia, sem nenhum desejo de proselitismo, àqueles que se aproximam pela primeira vez do espiritismo?

Existe em nossa casa espírita um grupo que se dedique ao enxoval de crianças cujas famílias são desprovidas de recurso para essas roupas indispensáveis aos que chegam ao mundo físico?

Existem algumas pessoas que se dedicam à visita aos enfermos nos hospitais? Ou às cadeias públicas?

Creio não ser necessário continuar a enumerar exemplos do que o espírita também não se dispõe a fazer, não é assim?

O padre tem razão: não temos tempo para as coisas de Deus, que em verdade é ter tempo para nós mesmos como espíritos imortais na confecção da nossa bagagem para a grande viagem que todos realizaremos um dia.

O espírito Valérium termina a página que citamos linhas atrás recomendando o seguinte: "Não despreze o minuto. Empregue-o bem, meu amigo, pois num minuto você acaba de ler as informações desta página."

É evidente que não temos a força moral para aproveitar cada minuto como fez Chico Xavier e faz Divaldo Franco. A Providência Divina sabe muito bem disso. Mas será que não conseguimos pelo menos aproveitar uma única oportunidade que cada novo dia nos oferece à nossa boa vontade? Uma única oportunidade por dia?

Já seria um belo "enxoval" para colocarmos em nossa "mala" para o nosso retorno ao mundo espiritual.

Estaria você disposto em menos de um minuto de tomar essa decisão?

Abençoado seria esse minuto de nossa vida a se desdobrar em horas e dias de conquistas espirituais na forma do tesouro que o ladrão não rouba e as traças não corroem!

SUJEITOS A DESPEJO

NÃO SEI SE você concorda comigo, mas o fenômeno da morte, que não faz exceção a ninguém, está a indicar de maneira muito clara para todos os que têm olhos de ver, que somos inquilinos de um corpo físico sujeitos a despejo.

Alguns são avisados com antecipação no caso de uma enfermidade considerada incurável pela medicina dos homens. Outros não. Recebem a ordem de desocupar o corpo de um momento para outro. Aqui estão enquadrados os que partem devido a um acidente ou um infarto fulminante.

Essa realidade que o ser humano prefere ignorar deveria servir para que utilizássemos o máximo e da melhor maneira possível o "imóvel" do corpo material.

Vivemos como se nunca fôssemos partir. Empregamos o instrumento que nos serve como espíritos imortais como se nunca fôssemos prestar a devida conta após deixarmos a ilusão da Terra.

Uns se entregam com desespero na conquista dos

bens materiais dos quais não poderão levar um único centavo.

Outros se debatem para a conquista do poder esquecendo-se que todos os Impérios que a história da humanidade registrou são tragados pela poeira do tempo. Quantos títulos fabulosos na interpretação terrestre não foram esquecidos, soterrados pelo tempo inapelável? Quanto orgulho, foi atirado ao chão diante do túmulo frio que não permite que os valores do mundo sigam além dele?

E o grande problema dessa visão completamente míope do que seja a vida na Terra é o que nos aguarda após as ilusões dessa mesma existência.

Ensina Emmanuel no livro *Ideal espírita*, capítulo 33, que além da morte *as dores da consciência atingem superlativo de angústia*. E ensina mais o nobre mentor: o remorso reaviva a lembrança dos nossos erros com espantoso poder de repetição! E não fica só nisso seus alertas. Continua ele a nos ensinar que exibimos constantemente o espetáculo das próprias fraquezas. E por viver nesse tormento constante acabamos por implorar a oportunidade de uma nova reencarnação que está cada vez mais difícil devido ao fato dos casais restringirem o número de filhos. Já imaginaram o quadro que se desenha na outra dimensão da vida? A consciência cobra; as mazelas ficam expostas; os erros desfilam à nossa frente. Deve ser uma situação muito difícil, cujo único lenitivo é a bênção de uma nova reencarnação. Então, imploramos pela oportunidade do retorno. A misericórdia divina nos atende. Voltamos envolvidos pela bênção do esquecimento temporário, mas com dívidas a quitar. E quando de posse de um novo instrumento de trabalho, qual a nossa reação?

Como temos agido e reagido diante de nosso cônjuge?

Como temos nos comportado perante os filhos com as suas dificuldades para que sejam reorientados?

Como temos nos comportado em face de nossos pais na velhice deles?

Como nos comportamos em nosso trabalho na atual existência?

O que o parente difícil representa para nós quando o problema se apresenta?

Se a situação financeira difícil se faz presente, como a recebemos?

E diante da provação complicada do muito dinheiro, como será que nos sairíamos?

Quando a doença pertinaz nos bate à porta, quais serão nossos comentários?

Esses são alguns poucos exemplos de algumas promissórias que assinamos do outro lado para sair da situação difícil em que nos encontrávamos como espíritos comprometidos diante da própria consciência. E essas promissórias foram avalizadas pelos espíritos amigos. Será que temos decepcionado esses nossos avalistas?

Emmanuel arremata a sua lição no livro e capítulo citados com a seguinte observação: *Recorda que voltarás, amanhã, para o lar da luz de onde vieste. Não impeças que o suor do trabalho ou o pranto do sofrimento te dissolvam as sombras do coração.*

Isso porque todos somos inquilinos provisórios de um corpo físico e chegará o dia da solicitação para desocuparmos o "imóvel". Chegada essa "ordem de despejo" não existe recurso perante a Lei. Teremos que retornar de onde viemos, ou seja, a dimensão espiritual da vida. Se para um lugar melhor, igual ou pior, tudo vai depender do que fizemos com a oportunidade de uma nova existência no corpo.

Qual seria a sua situação caso o "despejo" fosse requerido no dia de hoje? É para se pensar seriamente no assunto.

Ou será que seremos o único a ficar para semente?

COMO VÃO SUAS PILHAS?

QUANDO NASCEMOS, NOSSO corpo físico recebe uma carga determinada de energia que possibilitará a nossa estadia no mundo dos homens durante uma certa quantia de anos.

Essa quantidade de energia pode ser aumentada ou diminuída de acordo com a utilização que fizermos dela.

Infelizmente costumamos encurtá-la, embora desejemos viver o máximo possível. Diminuímos essa carga energética quando mergulhamos em qualquer tipo de desequilíbrio.

O excesso de alimentação é um dos exemplos mais corriqueiros que podemos encontrar. Pessoas que, como diz o ditado, vivem para comer e não comem para viver. Essa quantidade de comida a mais que vai sendo consumida, diariamente, introduz no corpo material elementos nocivos ao equilíbrio do mesmo. Pela boca adentram o excesso de colesterol, o excesso de açúcar, a bebida alcoólica, o cigarro, isso para não mencionarmos as substâncias classificadas como ilícitas. O problema é que aquilo que o homem nomeia como drogas lícitas, tais como, o álcool e o cigarro, lesam da mesma forma o organismo, independente como a sociedade as classifica. A Natureza não é regida por leis humanas. Responde a agressão que recebe através de substâncias que consideramos lícitas da mesma forma como responde a agressão das denominadas ilícitas.

Outra maneira de esgotarmos antes do tempo a carga de energia que nosso corpo recebeu ao nascer são os momentos de desequilíbrio emocional. As explosões de cólera; a mágoa que abrigamos perigosamente dentro de nós; os desentendimentos; o desejo do mal que emitimos contra um desafeto; os pensamentos voltados para a violência; o cultivo do pessimismo; e muitos outros comportamentos que se voltam para o desequilíbrio e que cada pessoa pode enumerar de forma particular. Lembramos o velho ditado - não levo desaforo para casa - como um verdadeiro tóxico para o corpo material e para o lado espiritual daquele que assim procede. Nesses momentos em que não levamos desaforo para casa, levamos o veneno que vai corroer nossas energias em franca contradição com o fato de que desejamos viver bastante aqui na Terra.

Até agora falamos nas atitudes que desgastam nossa energia vital e fazem com que desencarnemos como peru: de véspera.

Mas como a Justiça é perfeita, podemos também acrescentar tempo àquele primariamente destinado a nossa permanência no mundo dos homens.

Diz claramente Emmanuel no livro *Perante Jesus*, capítulo 4, o seguinte:

> Toda vez que a Justiça Divina nos procura no endereço exato para execução das sentenças que lavramos contra nós próprios, segundo as leis de causa e efeito, se nos encontra em serviço ao próximo, manda a Divina Misericórdia que a execução seja suspensa, por tempo indeterminado.

Podemos considerar que a chamada moratória, que é um acréscimo de tempo por estarmos sendo construtivos no campo do bem, pode estar enquadrada nesse adiamento de acertos de contas perante a Justiça Divina, permitindo-nos mais alguns anos na atual existência, adiando a desencarnação. Os espíritos superiores possuem meios e recursos de nos transfundirem uma cota a mais de energia em nossa "pilha" atual. Da mesma forma como o paciente recebe uma transfusão de sangue quando necessário no hospital, os espíritos superiores conseguem transfundir energias para o nosso perispírito que, por sua vez, beneficia o veículo material prolongando a sua duração. É evidente que para esse merecimento, precisamos estar realizando tarefa considerável no trabalho do bem. Quanto não terá recebido Chico Xavier com sua imensa obra de amor na sua última existência favorecendo a milhares de pessoas? Quanto não estará recebendo Divaldo Franco com sua monumental tarefa através da Mansão do Caminho e a divulgação da doutrina espírita para as mais diversas partes do mundo?

Sabendo de toda essa realidade que vem esclarecer-nos através dos ensinamentos da doutrina, resta-nos uma análise de consciência para verificarmos o que estamos fazendo com a nossa "pilha" atual.

Será que estamos conquistando o merecimento de termos nossas energias renovadas pelo trabalho no campo do bem?

Ou será que estamos jogando fora a energia que foi destinada ao nosso veículo material atual e abreviando a nossa estadia no mundo atual?

O que faz você com a sua "pilha", meu amigo e minha amiga?

A CARIDADE DIFÍCIL

QUANDO EU ERA pequeno e frequentava a igreja católica, tinha-se o hábito (não sei se ainda continua) de passar, entre as pessoas que assistiam a missa, uma pequena sacola de pano pedindo uma colaboração aos fiéis.

Hoje entendo perfeitamente essa necessidade porque um prédio tem suas despesas obrigatórias, tais como, limpeza em geral, a conta de água e luz, telefone quando esse existe, água nos bebedouros, os copos plásticos descartáveis etc.

Alguma vez será que pensamos nessas despesas de um centro espírita, alguns dispondo até mesmo de ar-condicionado para os dias de verão intenso? Muitas pessoas vão até esse lugar e encontram tudo limpo, bem asseado, luz, água, banheiros higienizados e não se lembram de que tudo isso custa dinheiro. Se a pessoa frequenta o centro, mas não colabora, alguém está pagando por ela, porque de graça não é que esse conforto existe.

Estamos abordando esse aspecto esquecido das despesas para lembrarmos a grande dificuldade que o ser humano em geral tem para praticar a caridade. Não aquela caridade à qual se refere a questão de número 886 de *O Livro dos Espíritos* e que trata da benevolência para com todos, indulgência para com as imperfeições alheias, perdão das ofensas. Essa era a caridade como a entendia Jesus. Dessa estamos há milênios de distância.

Queremos nos referir à caridade mais fácil que é aquela que damos do que nos sobra. Por exemplo: quantas camisas cabem dentro de um caixão funerário? Uma só, evidentemente. Pois é! Se pedirmos uma camisa a quem tem muitas, a pessoa abre o guarda-roupa e começa a procurar aquela peça à qual tem menos apego para estendê-la em direção a quem precisa. A pessoa vai inventando uma desculpa para cada camisa que tem em mãos para não se desfazer dela. Uma é porque lembra a pessoa de quem ganhou. A outra é porque comprou para uma ocasião especial. Outra ainda foi adquirida em uma cidade de grata lembrança. E assim por diante. Cada peça de roupa tem uma história que impede o dono de desfazer-se dela, mesmo tendo várias outras que poderá utilizar.

Às vezes uma pessoa tem tantos pares de sapato que alguns até cheiram a mofo. Mas da mesma forma sente dificuldade de se desfazer de um único par porque cada um deles armazenado tem uma história a contar enquanto muitos caminham de pés descalços. E no caixão, quantos pares poderá levar?

É a grande dificuldade de praticar a caridade mais fácil que é exatamente aquela onde se dá do que sobra e não do que poderá faltar.

Por isso mesmo Jesus não perdeu a oportunidade de

destacar o óbolo da viúva com a sua moeda que nada valia ao depositá-la no gazofilácio do Templo, enquanto fariseus de maior posse financeira expunham suas doações polpudas. A pobre mulher tirava da boca dos filhos para cumprir o seu compromisso.

O assunto fica muito grave quando lemos uma curta página do doutor Bezerra de Menezes onde ele afirma o seguinte no livro intitulado *Irmãos do caminho*, na página *De si mesmo*. Atentemos à séria advertência: *A caridade de quem dá do que tem pode modificar a paisagem exterior ao redor de seus passos, mas somente a caridade de quem dá de si mesmo aos semelhantes poderá modificar a paisagem de penúria em sua própria alma.*

Muito séria essa afirmativa, porque vivemos como eternos pedintes da Misericórdia de Deus. Estamos sempre necessitando de acudir alguma penúria da alma. E se temos ainda grande dificuldade de dar do que nos sobra, quanto mais praticar a caridade que solicita a doação de nós mesmos!

No templo da vida em nossa atual existência que representa uma dádiva em forma do socorro de Deus para todos os que estão reencarnados, qual o óbolo temos depositado na urna das necessidades de nossos semelhantes: o óbolo da viúva ou as sobras daquilo que não nos faz nenhuma falta?

Se você está em dúvida, contemple as suas penúrias interiores e verifique se elas estão sendo socorridas ou continuam a gritar pelo socorro que ainda não veio.

Jesus que não tinha uma pedra sobre a qual repousar a sua cabeça, praticou a maior de todas as caridades ao nos ensinar a doação de si mesmo até o preço máximo de entregar a própria vida, enquanto temos uma imensa dificuldade de estender uma peça de roupa velha ou um calçado mofado e esquecido em algum canto de um guarda-roupa aos necessitados que caminham nessa existência de corpos nus e de pés descalços feridos pelas pedras dos caminhos.

A BARREIRA

O ESPÍRITO ALEXANDRE de Jesus, no livro *Irmãos do caminho*, psicografia de Baccelli, capítulo 22, nos narra uma história sobre Pedro e Jesus quando o pescador voltava da sua pesca e encontrou o Mestre na praia de semblante que revelava um certo ar de tristeza.

Preocupado com ele a quem amava verdadeiramente, Pedro procurou saber de Jesus o motivo da sua melancolia. Indagou, primeiramente, se era devido à discussão no dia anterior entre os discípulos de quem seria o maior no reino dos céus. Jesus esclarece ao Apóstolo que não era aquela a razão de sua tristeza, embora lembrasse a Pedro que não deveriam esquecer que o maior no reino dos céus seria aquele que menor se fizesse entre os homens.

Pedro então insiste para saber do motivo do ar de tristeza dele. Jesus revela que estava antevendo as dificuldades que as Verdades do Reino teriam para se afirmar definitivamente entre os homens. Diante dessa colocação, o discípulo propõe a Jesus que começassem desde então a derrubar os obstáculos que o Mestre antevia para os cristãos do futuro. Foi quando, então, Jesus lhe responde o seguinte:

> – Pedro, o maior obstáculo à vitória do Evangelho no mundo será o daqueles que, em o aceitando, não se decidirão a vivenciá-lo na intimidade de si mesmos, pois, ao cederem-lhe o cérebro, haverão de recusar-se a entregar-lhe o coração!...

Será que isso acontece conosco há mais de dois mil anos de cristianismo? Infelizmente, creio que sim. Sabemos tantas coisas sobre o Evangelho que entrou em nossa cabeça, mas não permitimos que ele desça para o nosso coração. Criamos uma barreira por meio do orgulho, do egoísmo e da vaidade, que se situa entre o cérebro e o coração e com isso a previsão de Jesus se confirma.

Por exemplo, dentro do lar entendemos muito bem que Deus reúne os amigos e os nossos credores do passado. Como deveríamos agir se o coração já tivesse abraçado os ensinamentos absorvidos pelo cérebro? Com tolerância, com renúncia, com compreensão, concedendo o perdão e tudo o mais que torne o ambiente do lar um lugar propício para a vitória do amor. Entretanto, é assim que acontece? Infelizmente, não. Se um dos cônjuges derruba um talher, o outro, em resposta, vira a mesa de ponta cabeça. Se um quebra um copo, o outro, em represália, quebra todas as louças.

Para citarmos um outro exemplo é só nos lembrarmos do trânsito. Quem está no carro ao nosso lado? Uma criatura de Deus com os mesmos direitos que os nossos perante o Criador. Ah! Mas se surge uma buzinada ou uma "fechada" num momento inoportuno, salve-se quem puder! É ou não é assim? Quantos crimes já não ocorreram no trânsito? Porque a barreira entre o cérebro e o coração não permite que o Evangelho "desça" e seja vivenciado.

Quando surge alguém que já eliminou essa barreira, ficamos maravilhosamente absorvidos por seus ensinamentos.

Por exemplo, Chico Xavier que não tinha a barreira entre o cérebro e o coração e vivia os ensinamentos de Jesus. Não foi uma figura maravilhosa?

Outro exemplo? Divaldo Franco que também eliminou a barreira e permitiu que o Evangelho lhe penetrasse no coração e se expandisse em forma de amor a tantos necessitados.

E nós, e você e eu e tantos outros que nos rotulamos de cristãos, quando deixaremos de fazer parte daqueles que entristeciam Jesus naqueles dias junto a Pedro e continuam a entristecer o Mestre na humanidade em pleno século XXI?

Consulte a sua consciência e veja se nela Jesus está sorrindo e com os braços abertos em sua direção ou ele apresenta um semblante de tristeza como no longínquo tempo em que esteve em um corpo físico aqui entre nós.

ABENÇOADA ESCADA

No Centro Espírita os companheiros conversavam entusiasmados antes dos trabalhos da noite comentando sobre as atividades no campo da caridade.

Um grupo citava as dezenas de enxovais que foram confeccionados e doados aos recém-nascidos carentes.

Outro grupo dizia da alegria da visita aos bairros mais pobres que recebia o socorro do alimento em falta.

Outro ainda descrevia a felicidade de comparecerem aos hospitais da cidade em visita aos enfermos mais carentes localizados nas enfermarias e com horário de visitas mais exíguo.

Um pouco mais afastado, companheiros diziam da satisfação muito grande de comparecerem ao asilo da cidade e poder levar a presença humana, o carinho e o afeto àqueles que se despediam da existência física distantes de seus familiares por motivos que não cabiam discutir ou analisar.

Em outro canto da sala que antecedia o salão de reunião destinada ao público em geral, companheiros abordavam a visita aos presidiários.

Antes do final dos trabalhos daquela noite, o mentor se manifestou dizendo:

> – Amados irmãos e companheiros de jornada na estrada da evolução, que nos abençoe o Senhor da vida e Jesus nosso mestre e senhor. Agradeçamos sempre pela bênção de um novo corpo. Somente quando voltamos para essa realidade da vida no plano espiritual é que podemos avaliar a oportunidade rica do retorno a uma nova existência na carne. Ouvi os comentários entusiasmados dos companheiros em suas ações no campo da caridade e felicito-os por isso. Entretanto, gostaria que os irmãos observassem bem a altura em que as lâmpadas dessa casa espírita estão instaladas. Caso uma delas se queime e necessite ser trocada, somente poderemos fazê-lo utilizando-nos do recurso de uma escada. Pergunto à consciência de cada um: quem estará fazendo o favor na troca da lâmpada queimada? Nós que nos utilizamos da escada ou esse instrumento que nos permite alcançá-la? Tenho a certeza de que todos concordam que o favor é feito pela escada, porque sem ela não alcançaríamos a lâmpada. Nossos irmãos em necessidade a quem podemos socorrer representam exatamente a nossa escada para Jesus e para Deus[4]. Muitas vezes nos posicionamos erradamente orientados pelo orgulho e pela vaidade como

---

4. Emmanuel, no livro Fonte de paz, capítulo 9, ensina o seguinte: Admitir os necessitados não somente na condição de pessoas que se candidatam a recolher os benefícios que lhes possamos prestar, mas, também na qualidade de companheiros que nos fazem o favor de receber-nos a assistência, promovendo e facilitando a nossa aproximação do Cristo de Deus.

se nós fôssemos os autores da caridade. Dizemos de "boca cheia": eu socorri o aflito! Eu atendi o necessitado! Eu dei o prato de comida ao que tinha fome! Eu estendi o agasalho ao que tiritava de frio! Eu doei o par de sapatos usados ao descalço do caminho! Eu fiz isso, eu fiz aquilo! Essa visão não é compatível a quem já conhece Jesus. Todos os que cruzam nosso caminho e nos pedem algo são escadas que nos permitem a ascensão espiritual. Cada necessitado a quem possamos socorrer é um degrau dessa longa e interminável escada que nos conduzirá à perfeição. Portanto, diante daquele que pede, está a nossa bendita oportunidade de crescer. Aquele que nos ofende está oferecendo a oportunidade de aprendermos o perdão. O que tem fome nos proporciona a oportunidade da caridade. Aquele que exige leciona-nos a renúncia. O orgulhoso ensina a humildade. E assim por diante. Por isso, lembremo-nos sempre da escada humilde à espera do serviço na oportunidade de trocar a lâmpada localizada muito alta. Quando o necessitado de qualquer forma se nos apresentar à nossa frente, utilizemos a oportunidade de crescer em nosso caminho evolutivo sem acharmos que somos aquele que beneficia quando, em verdade, somos o maior beneficiado.

Muita paz!

UM PEQUENO FRAGMENTO

PREZADO LEITOR, AMIGA leitora que me deram a honra e o prazer de chegar ao final deste despretensioso livro.

Dissemos no início que a Verdade se fragmentou ao adentrar o ambiente dos homens.

Se os diálogos escritos que mantivemos serviram para que você entre na posse de um pequenino "caco" dessa Verdade que um dia conheceremos em sua totalidade maior, sentir-me-ei endividado para sempre perante a sua boa vontade e muito feliz por não termos dialogado em vão.

Suplicando ao mestre Jesus que a todos nos abençoe, enviamos a cada coração amigo votos de muita paz e vitórias espirituais no caminho evolutivo que se estende a todo ser que participa da obra da Criação, graças à Misericórdia da Providência Divina pela bênção da reencarnação.

Que um dia possamos sentir como o santo de Assis o irmão sol, a irmã lua, o irmão lobo, o irmão fogo, e principalmente ao nosso próximo como verdadeiro irmão porque criado pelo mesmo Pai. E ao sentir em nosso semelhante o reflexo de Deus, possamos amá-lo verdadeiramente para que possamos realmente amar a Deus sobre todas as coisas e a nós mesmos como participantes da obra da Criação Divina.

Quando isso acontecer, ficaremos maravilhados com a descoberta da Verdade capaz de nos libertar em direção ao infinito na tarefa da perfeição.

Muita paz!

BIBLIOGRAFIA

BACCELLI, Carlos A. Irmão José (espírito). *Deus te abençoe*. 2.ª ed. Votuporanga: Didier, 2013.

BACCELLI, Carlos A. Espíritos Diversos. *Irmãos do caminho*. 2.ª ed. Votuporanga: Didier, 1996.

BASTOS, Gibson. *Além do rosa e do azul*. 3ª ed. Rio de Janeiro: Editora CELD, 2012.

FRANCO, Divaldo Pereira. Amélia Rodrigues (espírito). *Primícias do Reino*, 4.ª ed. Salvador: LEAL.

FRANCO, Divaldo Pereira. Joanna de Ângelis (espírito). *Amor, imbatível amor*. 14.ª ed. Salvador: LEAL, 1998.

________. *Autodescobrimento – uma busca interior*. 15.ª ed. Salvador: LEAL, 1995.

________. *Desperte e seja feliz*. 10.ª ed. Salvador: LEAL, 2007.

________. *Elucidações psicológicas à luz do Espiritismo*. 2.ª ed. Salvador: LEAL, 2002.

________. *Jesus e atualidade*. 9.ª ed. São Paulo: Pensamento, 2008.

________. *Jesus e o evangelho – À luz da psicologia profunda.* 2.ª ed. Salvador: LEAL, 2000.

________. *Plenitude.* 16.ª ed. Salvador: LEAL, 2002.

________. *Triunfo pessoal*, 6.ª ed. Salvador: LEAL, 2007.

________. *Vida: desafios & soluções.* 8.ª ed. Salvador: LEAL, 2006.

Franco, Divaldo Pereira. Manoel Philomeno de Miranda (espírito).*Temas da vida e da morte.* 1.ª ed. Brasília-DF: FEB, 1989.

Franco, Divaldo Pereira. Marco Prisco (espírito). *Ementário espírita.* 3.ª ed. Matão: O Clarim, 1976.

Hawking, Stephen. *Minha breve história.* 1.ª ed. Rio de Janeiro: Intrínseca, 2013.

Mattos, Divaldinho. *De amigos para Chico Xavier.* 1.ª ed. Votuporanga: Didier, 1997.

Morris, Netherton. *Vida passada – Uma abordagem psicoterápica.* 1.ª ed. São Paulo: Summus Editorial, 1997.

Nobre, Marlene R. S. *Lições de sabedoria.* 1.ª ed. São Paulo: Editora FE, 1996

Saegusa, Cláudia. *Divaldo Franco responde volume* 2. 1.ª ed. São Paulo: Intelítera, 2013.

Tavares, Clóvis. *Amor e sabedoria de Emmanuel.* 6.ª ed. Araras: IDE, 1986.

Vieira, Waldo & Xavier, Francisco Cândido. *Ideal espírita.* 10.ª ed. Uberaba: Edição CEC, 1987.

Weguelin, João M. *Obras da fé.* 1.ª ed. Belo Horizonte: Editora Vinha de Luz, 2014.

Xavier Francisco Cândido. André Luiz (espírito). *Agenda cristã.* 23.ª ed. Brasília-DF: FEB, 1984.

________. *Mecanismos da mediunidade*. 7.ª ed. Rio de Janeiro: FEB, 1972.

________. *Missionários da luz*. 10.ª ed. Rio de Janeiro: FEB, 1976.

Xavier Francisco Cândido. Emmanuel (espírito) *Emmanuel*. FEB, 13.ª ed. Brasília-DF: FEB, 1987.

________. *Fonte viva*. 2.ª ed. Rio de Janeiro: FEB, 2003.

________. *Perante Jesus*. 1.ª ed. São Paulo: IDEAL, 1990.

________. *Vinha de luz*. 6.ª impressão. Brasília-DF: FEB, 2014.

Xavier Francisco Cândido. Espíritos Diversos. *Fonte de paz*. 1.ª ed. Araras: IDE, 1987.

Xavier Francisco Cândido. Irmão X (espírito). *Cartas e crônicas*. 3.ª ed. Rio de Janeiro: FEB, 1974.

Xavier Francisco Cândido. Maria Dolores (espírito). *Antologia da espiritualidade*. 6.ª ed., 2.ª impressão. Brasília-DF: FEB, 2014.

Xavier, Francisco Cândido e VIEIRA, Waldo. Espíritos Diversos. *O Espírito da Verdade*. 13.ª ed. Brasília-DF: FEB, 2002.

CONHEÇA TAMBÉM

Espelho d'água

Mônica Aguieiras Cortat • Alice (espírito)

Romance mediúnico • 16x22,5 cm • 368 pp.

Em *O Livro dos Médiuns*, a mediunidade de cura está perfeitamente catalogada, deixando muito claro a importância do assunto, que é o tema central deste romance psicografado por Mônica Aguieiras Cortat, narrando a história das gêmeas Alice e Aline – cada uma com seus diferentes dons, adquiridos ao longo de muitas vidas.

Paixão & sublimação - A história de Virna e Marcus Flávius

Ana Maria de Almeida • Josafat (espírito)

Romance mediúnico • 14x21 • 192 pp.

Atravessando vários períodos da História, Virna e Marcus Flávius, os personagens desta história, serão submetidos ao cadinho das experiências e das provações e, como diamante arrancado da rocha, serão lapidados através das múltiplas experiências na carne até converterem-se em servos de Deus.

O faraó Merneftá

Vera Kryzhanovskaia • John Wilmot Rochester (espírito)

Romance mediúnico • 16x22,5 • 304 pp.

O livro *O faraó Merneftá*, personagem que representa uma das encarnações de Rochester, autor espiritual da obra, nos mostra com grande veracidade a destruição que o sentimento de ódio desencadeia na vida do espírito imortal.

Vivendo na época de Moisés, um tempo de repressão e disputa pelo poder, as paixões exacerbadas de seus protagonistas provocaram tragédias que demandariam muito tempo para serem superadas.

CONHEÇA TAMBÉM

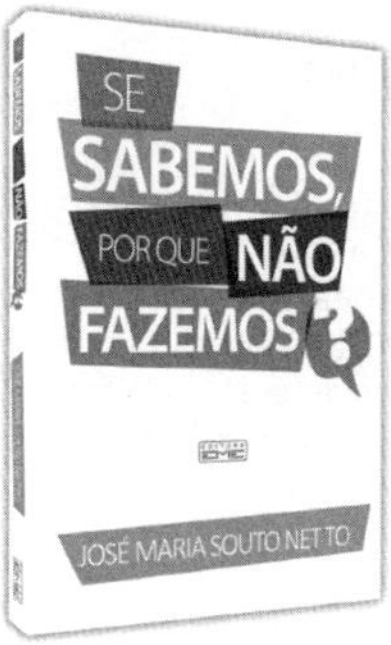

Se sabemos, por que não fazemos?
José Maria Souto Netto
Autoajuda • 14x21 cm • 160 pp.

O autor se debruça sobre as lições do espiritismo e do evangelho de Jesus para oferecer algumas reflexões, propor atitudes que nos ajudem na prática, que deve ser simples e natural, e para demonstrar que todos podem avançar do conhecimento para a vivência, sair da ignorância para a atitude.

Reencarnação - questão de lógica
Américo Domingos Nunes Filho
Estudo • 16x22,5 • 320 pp.

Este livro vem esmiuçar o tema reencarnação, provando em vários aspectos a sua realidade. Seu autor, o médico pediatra Américo Domingos Nunes Filho, realizou um estudo criterioso e muito bem embasado nos textos bíblicos, em experimentos científicos, nos depoimentos de estudiosos de diversas áreas do conhecimento humano, constituindo-se numa obra que não comporta contestação por sua clareza e veracidade.

Os animais na obra de Deus
Geziel Andrade
Estudo • 14x21 • 272 pp.

Geziel Andrade vem nos mostrar, em seu livro *Os animais na obra de Deus*, como se processa a evolução do princípio inteligente.

Esse princípio inteligente, criado por Deus, percorre uma longa jornada, lenta e continuadamente, desde as formas mais primitivas, passando por inumeráveis experiências até atingir a condição humana, e daí, novamente, tem pela frente desafios e retornos à vida material até alcançar a angelitude, destino final de toda criatura.

CONHEÇA TAMBÉM

André Luiz e suas novas revelações
Luiz Gonzaga Pinheiro
Estudo • 14x21 cm • 184 páginas

Ao longo da série *A vida no mundo espiritual* a alma humana é profundamente dissecada. Como cada livro trata de um tema individual, Luiz Gonzaga Pinheiro escolheu 20, desdobrando-os e aprofundando-os para que cheguem ao entendimento do leitor sem muito tempo para pesquisa ou sem afinidade com a ciência.

Doutrinação para iniciantes
Luiz Gonzaga Pinheiro
Doutrinário • 14x21 cm • 256 páginas

Criada e desenvolvida por Allan Kardec, a doutrinação espírita é usada para conduzir à luz os espíritos desencarnados. Antes muito voltada aos espíritos obsessores, hoje a doutrinação se destina a todos os espíritos. Neste livro, Luiz Gonzaga Pinheiro retoma o assunto que, em suas palavras, é "uma das mais belas tarefas da casa espírita", mas também "uma das mais difíceis de executar".

Suicídio – a falência da razão
Luiz Gonzaga Pinheiro
Estudo • 14x21 cm • 216 páginas

Por qual razão alguém se acha com o direito de agredir a vida? Todo aquele que atenta contra a vida comete um crime brutal contra as leis de amor instituídas por Deus. Nesta obra, Luiz Gonzaga Pinheiro analisa o suicídio sob diversos aspectos, sempre tentando desconstruir a ideia da sua prática, enfatizando o erro fatal que é a sua realização.

CONHEÇA TAMBÉM

O perispírito e suas modelações

Luiz Gonzaga Pinheiro

Doutrinário • 16x22,5 cm • 352 páginas

Com este trabalho o autor vai mergulhar mais fundo no fascinante oceano espiritual. Obra imperdível para conhecer sobre o perispírito, suas modelações e os reflexos das atitudes no corpo espiritual. "Uma notável contribuição para o espiritismo brasileiro", no dizer do escritor Ariovaldo Cavarzan

Getúlio Vargas em dois mundos

Wanda A. Canutti • Eça de Queirós (espírito)

Romance mediúnico • 16x22,5 cm • 344 páginas

Getúlio Vargas realmente suicidou-se? Como foi sua recepção no mundo espiritual? Qual o conteúdo da nova carta à nação, escrita após sua desencarnação? Saiba as respostas para estas e outras perguntas, agora em uma nova edição, com nova capa, novo formato e novo projeto gráfico.

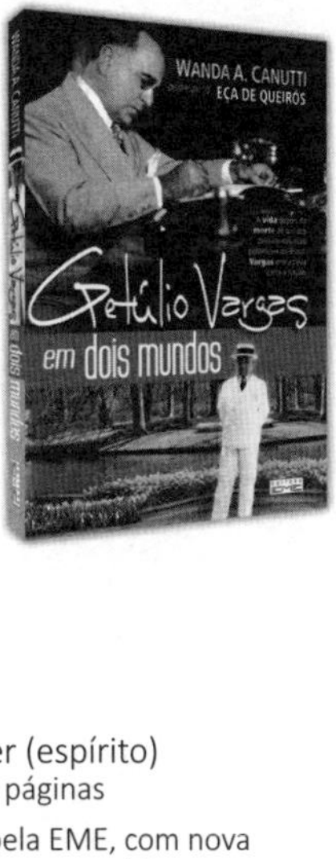

A vingança do judeu

Vera Kryzhanovskaia • J. W. Rochester (espírito)

Romance mediúnico • 16x22,5 cm • 424 páginas

O clássico romance de Rochester agora pela EME, com nova tradução, retrata em cativante história de amor e ódio, os terríveis fatos causados pelos preconceitos de raça, classe social e fortuna e mostra ao leitor a influência benéfica exercida pelo espiritismo sobre a sociedade.

Este livro foi impresso na Editora EME,
sendo tiradas três mil cópias, todas em
formato fechado 140x210mm e com mancha
de 100x154mm. Os textos foram compostos
nas fontes Book Antiqua e Trajan Pro.

Fevereiro de 2019